Georg Wilhelm Zapf

Über das Leben und die Verdienste Johann von Dalbergs

Georg Wilhelm Zapf

Über das Leben und die Verdienste Johann von Dalbergs

ISBN/EAN: 9783743618725

Hergestellt in Europa, USA, Kanada, Australien, Japan

Cover: Foto ©ninafisch / pixelio.de

Manufactured and distributed by brebook publishing software (www.brebook.com)

Georg Wilhelm Zapf

Über das Leben und die Verdienste Johann von Dalbergs

Ueber das
Leben und die Verdienste

Johann von Dalbergs

ehemaligen Bischofs in Worms und
Wiederherstellers der Wissenschaften
zu Ende des fünfzehenten
Jahrhunderts.

Ein Versuch

von

Georg Wilhelm Zapf

Churfürstl. Mainzischen Geheimenrath, Kaiserl.
Hofpfalzgrafen, und verschiedener Akademien
und gelehrten Gesellschaften
Mitglied.

Augsburg 1789.

Dem
Hochwürdigst Hochgebohrnen
Herrn, Herrn
Karl Theodor
Freyherrn von Dalberg
Erzbischofen zu Tharsus, des hohen
Erzstifts Churmainz und der Bißthümer
Worms und Kostanz Koadjutorn.

Meinem gnädigsten Erzbischof
und Herrn.

Hochwürdigster Erzbischof,

Gnädigster Erzbischof, Koadjutor und Herr.

Was ich Euer Erzbischöflichen Gnaden schon längst über diesen Gegenstand geschrieben, das hat sich bey der Ausarbeitung desselben gezeigt. Mühe und anhaltendes Nachforschen, haben mich gleichwohl nicht in den Stand gesetzt, die Verdienste eines Wiederherstellers der Wissenschaften, eines Freunds und Beförderers der Gelehrten, wie Johann von Dalberg war, genauer und würdiger beschreiben zu können, als ichs anfangs wünschte und glaubte. Mangel an hinlänglichen Nachrichten, zerstreute Erzählungen der Gelehrten, die oft nur das wiederholten, was schon andre gesagt haben, und wenig neues hinzu setzten oder entdeckten, erschwerten mir die Ausarbeitung. Er wäre es vor allen andern würdig gewesen, daß sein Leben und seine Verdienste schon längst genauer und zusammenhängender beschrieben worden wären, denn seine Gelehrsamkeit war kein Gewebe superficieller Kenntnisse, die nur auf der Oberfläche schwebten, sie war gründlich und tief, aus den Alten geschöpft, und nach den Alten gebildet. Er verbreitete dadurch einen Glanz auf seine hohe altadeliche Familie, die mehrere Beförderer der Gelehrsamkeit aufweisen kann, er verbreitete Vorzüge auf seine erhabene Würde, die er als Bischof in Worms begleitete. Er suchte darinn seine Ehre und seinen Ruhm, und beedes hatte er sich eigen gemacht. Unsterblich sind seine Verdienste um wahre Gelehrsamkeit, unsterblich um die Gelehrten, die er in jenen Zeiten an sich zog, sie

be-

beförderte oder sonsten empfahl, und in dieser Rücksicht hätte sein Gedächtniß schon in jenen Zeiten erhalten und auf uns gebracht werden sollen. Doch ist es nicht gar erloschen, und die zerstreute Nachrichten haben mich gleichsam aufgefordert, einen noch unreifen Versuch zu wagen, und seine Verdienste zusammenhängender und konzentrirter auf einen Geschichtspunkt zustellen, um sie jedem Kennersauge anschauender zu machen. So möchten noch manche verdiente Männer und ihre Verdienste im Staub und in der Vergessenheit stecken, deren Lebensumstände näher beleuchtet zu werden verdienten, gleichwohl aber sind sie noch in Dunkelheit eingehüllet. Freylich finden sich noch hie und da in kleinen Schriften die zu Ende des 15 und zu Anfang des 16. Jahrhunderts erschienen sind, Fragmente von Nachrichten, aus denen sich das Gedächtniß noch unbekannter und wahrhaft

haft verdienter Männer, die sich im Reiche der Wissenschaften besonders ausgezeichnet haben, erläutern ließe; allein die Verachtung, mit welcher von denen meisten unserer heutigen Modeschriftsteller, diese kleine Schriften, die nicht selten einen Schatz reeller und wahrer Gelehrsamkeit, einen Schatz von erheblich litterarischen Nachrichten enthalten, unverdienterweise belegt werden, hindert es, in dem eben dadurch alle diese Schriften seltener werden, als sie schon an sich wegen ihres Alters sind. Hiezu kommt noch die Menge derselben, die zwar nicht alle gleich brauchbar und nützlich sind, aber doch viele darunter allerdings der strengsten Aufmerksamkeit würdig wären. Einige solcher kleinen Schriften habe ich bey diesem Versuch benutzt, und gewünscht mehrerer theilhaftig werden zu können, aber es blieb ein bloser Wunsch, und die Erfüllung desselben, war, wie ich wohl einsah,

sah, eine Unmöglichkeit. Allein, daß ich mehrere Entdeckungen aus denselben gemacht, und folglich auch mehr unbekanntes geliefert haben würde, darf ich zuverläßig versichern und behaupten, und meine Hoffnung wäre nicht gescheitert. Vielleicht mache ich durch diesen kleinen Versuch andere Gelehrte aufmerksam, daß sie weiters und näher untersuchen, daß sie nachforschen, und mir Beyträge mittheilen, um denselben in der Folge noch mehr erweitern zu können. Dann wäre es Zeit, dieses Wiederherstellers der Wissenschaften, bekannte Schriften und Briefe, wenn noch mehrere entdeckt werden würden, die etwa noch verborgen sind, demselben beyzufügen. Die Zukunft wird entscheiden, ob die Gelehrte diesem verdienstvollen Bischof ihre Aufmerksamkeit schenken wollen. Würdig ist ers, und seine Geschichte verbreitet Licht auf die Litteratur.

Wäre ich nicht von der großmüthigen und erhabenen Denkungsart, von den tiefen Kenntnissen Euer Erzbischöflichen Gnaden überzeugt; so würde ichs niemalen gewagt haben, diesem Versuch Höchstdero preiswürdigen Namen vorzusetzen. Allein da dieser Bischof und, was alles noch übertrift, Wiederhersteller der Wissenschaften, der in seinem Zeitalter im Reiche der Gelehrsamkeit Epoche machte, und eine wahrhaft große Rolle spielte, aus eben dem hohen altadelichen Geschlechte entsproßen, welchem auch Euer Erzbischöflichen Gnaden Höchstdero Daseyn zu danken haben; da die allweise Vorsehung Höchstdieselben gleichfalls zum besten der deutschen Kirche bestimmt hat, einst ein weiser Regente des Hochstifts Worms zu seyn; da Höchstdero bekannte und in gelehrten Tagebüchern schon

öfters

öfters angerühmte Verdienste mit jenen in ein Parallel gesetzt werden können; da Höchstdieselben gleichfalls ein Beförderer der Gelehrsamkeit sind, die Wissenschaften lieben, verehren und ausbreiten, die Gelehrten schätzen und dem vortrefflichen Beyspiele eines weisen, des erhabensten Ruhms würdigsten Friedrich Karl Josephs nachahmen; da ich im verwichenen Jahr das unvergeßliche Glück und die höchste Gnade genossen, Euer Erzbischöflichen Gnaden selbst meine tiefste Verehrung in Aschaffenburg bezeugen zu dürfen; so hoffe ich auch dieses unvollkommenen Versuchs wegen die gnädigste Nachsicht und huldvolleste Beurtheilung, die Nachsicht und Beurtheilung eines erhabenen Kenners, dessen tiefforschenden und alles durchdringenden Blicken zwar das geringste nicht entgeht, aber auch das Schwere des

Ge-

Gegenstandes ganz durchschaut, und deswegen, wie ich versichert bin, Gerechtigkeit demjenigen wiederfahren läßt, der sich in tiefster Verehrung nennen zu dürfen, die höchste Gnade genießt,

Eure Erzbischöflichen Gnaden

Biburg unweit Augsburg
den 28 Merz 1789.

Unterthänigst gehorsamster
Georg Wilhelm Zapf.

§. 1.

Das altadeliche freyherrliche Geſchlecht von Dalberg und Kammerer von Worms, ſcheint von ſeiner Entſtehung an bis auf unſere Zeiten von der Vorſehung beſtimmt geweſen zu ſeyn, ſeinen Glanz auf verſchiedene Art zu verbreiten, und ſich eben ſo rühmlich auszuzeichnen. Es hat der Kirche und dem Staat die gröſten Männer gegeben, welche ſich beſonders verdient gemacht haben, es ſchwung ſich bis zu den höchſten Würden, die es nur erreichen konnte, wozu die Verdienſte deſſelben alles beytrugen. Schade, daß von demſelben noch keine zuſammenhängende Geſchichte verfaßt worden, um alles im ganzen überſchauen, und die Verdienſte deſſelben, die es ſich eigen gemacht, deſto ehender abwägen zu können. So iſt noch manches berühmte Geſchlecht in der Dunkelheit, ſo noch mancher verdiente Mann aus demselben unbekannt, oder wenigstens sind es nur Bruchstücke, die man mit vieler Mühe, mit unaufhörlichem Nachforschen zusammen suchen muß, um ihn und seine Verdienste bekannter zu machen. Verdiente je ein Geschlecht eine eigene und besondere Geschichte; so wäre es das freyherrlich von Dalbergische, das, ohne demselben zu schmeicheln, sehr alt ist, und sich berühmt gemacht hat. Das Alter desselben darf man eben nicht von den Zeiten der Römer, nach dem Geschmack voriger Jahrhunderte, ableiten, es ist doch alt und glänzend genug, wenn die Gewißheit desselben aus dem 10. Jahrhundert historisch ächt und urkundenmäßig bewiesen werden kann. Doch dieses ist mein Endzweck nicht, und ich rede hier überhaupt nur von dem Glanz, den dieses Geschlecht über sich verbreitete, und sich in dem Reiche der Gelehrsamkeit auszeichnete. So finden wir einen Heribert, welcher Erzbischof und Churfürst in Kölln war (1) 1021 oder 1022 oder auch 1023 gestorben, und wegen seiner

---

(1) S. *Conatus chronologicus ad Catalogum Episcoporum, Archiepiscoporum, Cancellariorum, Archicancellariorum & Electorum Coloniæ, Claudiæ Augustæ Agrippinensium* p. 84. u. figg. der Verfasser fängt

ner Tugenden und Frömmigkeit von Papst Gregor VII unter die Zahl der Heiligen aufgenommen worden. Er regierte 22. Jahre 2. Monat und 22. Tage sehr rühmlich, und erweiterte das Erzstift, das ihm vieles zu danken hatte. Vom Jahr 1582 bis 1601. war Wolfgang von Dalberg Erzbischof und Churfürst in Mainz. (2) Johann von Dalberg war Fürst-Bischof in Worms von 1482 bis 1503, ein Herr der in der Gelehrsamkeit sehr groß war, und sich auf eine rühmliche Art ausgezeichnet hatte, wie ich in der Folge zeigen werde. Adolph von Dalberg starb 1737. als gefürsteter Abt zu Fulda. Und in unsern Zeiten haben wir an dem schon bekannten und über alles Lob erhabenen Karl Theodor Freyherrn von Dalberg, dermaligen Erzbischof von Tharsus, und des hohen Erzstift

---

fängt gleich also an: *E primaria Vangionum Nobilitate oriundus, Præpositus Ecclesiæ Wormatiensis & Cancellarius Ottonis III Rom. Imperatoris, absens in Italia Cleri Populique Aggrippinensis, sese reconciliantis communibus expetitus votis, & anno Domini* DCCCXCIX *approbatus Coloniensis Archiepiscopus, Pallium Romæ de Manu Sylvestri II Papæ suscepit.*

(2) S. *Joannis scriptores rer. Moguntinensium Vol. I. p.* 887 — 899.

stift Mainz so wie auch der Hochstifter Worms und Kostanz würdigsten Koadjutorn, einen Gelehrten nicht nur, sondern auch einen Beförderer der Gelehrsamkeit zu verehren, von dem sich einst die Kirche, der Staat und die gelehrte Welt vieles versprechen, und vieles von ihm erwarten darf. Heil unserm aufgeklärten und preiswürdigsten Friedrich Karl Joseph, daß er die Wahl auf diesen würdigen Musenfreund glücklich und zu seinem ewig unsterblichen Ruhme lenkte, wofür ihn gewiß die Welt und alle rechtschaffene Patrioten segnen werden, segnen seine Gebeine, wenn sie einst ruhen, segnen, wenn das von ihm angefangene heilsame Werk der Aufklärung, wodurch er Menschen zu edeldenkenden und friedliebenden Menschen bildete und Gelehrsamkeit beförderte, durch unsern **Karl Theodor von Dalberg** vollendet wird.

Wie sich nun diese in großem Ansehen und Würden gestandene Erz- und Bischöfe um die Kirche verdient gemacht haben, und in der Folge noch machen werden; so haben sich andere dieses Geschlechts auch um den Staat keine geringe Verdienste erworben. So war **Friedrich Anton von Dalberg** Churmainzischer Hofraths Präsident, in welcher Würde er 1705 starb, **Philipp Franz Eberhard von Dal-**

Dalberg aber gieng 1692 als Präsident des Kaiserl. Kammergerichts zu Wezlar mit Tode ab. Stellen, die ihre eigene, einsichtsvolle Männer forderten. Um mich aber nicht zu weit von meinem Ziele zu entfernen; so will ich nur noch der **Wolfgang Eberhard** und **Franz Eckenberts von Dalberg**, zweyer Brüder gedenken. Der erste war Kaiserlich und Churpfälzischer Geheimerrath, des St. Hubertsordens Ritter und Kanzler, Hofkämmerer, Präsident und Amtmann zu Oppenheim, der letztere aber Kaiserlich wirklicher Geheimerrath, und der Oberrheinischen Ritterschaft Primat. Diese beeden Brüder faßten den ruhmvollen und erhabenen Entschluß, ihre prächtige Bibliothek von 7000 Stück (3) zu Mainz dem gemeinen Nutzen zu widmen und gleichsam zu einer öffentlichen zu erheben. Ja ihre Liebe, ihre Neigung zur Gelehrsamkeit war so stark,

B   ihr

---

(3) Hr. Gerken im 3. Theil seiner Reisen S. 48 u. fgg. gedenkt derselben, und zeigt aus ihr nur drey Bücher an, S. 51; aber sagt er; sie mag ungefähr 3000 Bände ausmachen. Ob die Anzahl hier oder in Gauhens Adelslexikon 1. Theil Kolumne 232 die richtige seyn möchte, kann ich nicht entscheiden, aber des letztern Nachricht stimme ich um so mehr bey, als diese Geschlechtsbibliothek, von der ich unten noch einiges anführen werde, schon sehr alt, und von denen Herren von Dalberg immer vermehrt worden ist.

ihr Eifer für das Beste derselben gieng so weit, daß sie auch eine gelehrte Gesellschaft zu stiften suchten, (4) die aber, weil nichts weiters davon bekannt wurde, nicht zu Stande gekommen zu seyn scheint. So gehen oftmals die nützlichsten Anstalten zu Grund, ersticken in ihrer ersten Geburt, und die besten, zur Beförderung der Gelehrsamkeit vortheilhafteste Absichten edeldenkender Männer werden vereitelt, weil sie nicht unterstützt werden. Mangel an Gelehrten, die einer solchen Anstalt

---

(4) S. Leipziger gelehrte Zeitungen Num. 28. auf das Jahr 1737. der gelehrte Benediktiner Oliver Legipont, im Kloster zu St. Martin in Kölln, gab bey dieser Gelegenheit eine Schrift in Folio auf 4 einen halb Bogen unter folgendem Titel heraus: *Oliverii Legipont, Cænobitæ S. Martini Coloniensis, Discursus Paræneticus ad æquos bonarum artium Æstimatores, pro Bibliotheca publica & societate eruditorum in primaria Germaniæ Metropoli urbe Moguntina, feliciter erigenda, promovenda & stabilienda.* Die Einrichtung der Bibliothek der Herren von Dalberg, die Legipont über sich nahm, und ihm als einem Gelehrten anvertraut wurde, gab ihm den Anlaß zu dieser Schrift, sie wurde auch in der Absicht eingerichtet, um sie zum öffentlichen Gebrauch zu bestimmen. Aber es blieb beedes ein frommer Wunsch. S. *Magnoaldi Ziegelbauer historia rei litterariæ* Ord. *S. Benedicti P. IV. p.* 517.

stalt als Mitglieder würdig hätten vorstehen können, war es gewiß nicht, der sie hintertrieb, sondern Mangel an Ermunterung und Unterstützung der Großen, die viel vermögen, wenn sie nur wollen. Weniger Pracht und weniger Aufwand auf unnöthige Dinge, die im ganzen der menschlichen Gesellschaft nichts nutzen, und zur Glückseligkeit nichts beytragen, eröffnen die versiegte Quelle, um das nützliche herfür ziehen, unterstützen und tüchtige Männer belohnen zu können. Nochmehr von verdienten Männern dieses alten Geschlechts anzuführen, verbietet mir der Raum, und mein Gegenstand schränkt sich bloß auf den Johann von Dalberg ehemaligen Bischof in Worms und Wiederhersteller der Wissenschaften zu Ende des 15 Jahrhunderts ein, dessen Verdienste ich in diesem Versuch etwas näher zu beleuchten mich entschlossen habe. Es sind aber nur gesammelte Nachrichten, die zerstreut aus vielen Büchern zusammen gesucht, und auf einen Gesichtspunkt gestellt worden sind, um sie im ganzen überschauen zu können. Andere unsichere Nachrichten suchte ich zu verbessern, wie dieses aus der Abhandlung selbst zu erkennen seyn wird. Meine Absicht dabey geht auch vorzüglich dahin, andere gelehrte Männer auf diesen verdienstvollen und gelehrten Bischof aufmerksam zu machen, um in der Folge sein Leben und seine Ver-

dienste

dienſte noch würdiger entwerfen zu können, denn verdient es je ein Mann in jenem Zeitalter, ſo verdient es dieſer Biſchof, der noch in dem unſrigen eine große Rolle ſpielen würde, in jenem aber ein Wunder genannt zu werden verdiente.

§. 2.

Dem Johann von Dalberg ſchenkte die Vorſehung der gelehrten Welt im Jahr 1445, in einem Zeitalter, welches für die Wiſſenſchaften im Occidente weit glücklicher, weit geſegneter war, als alle vorhergehende Jahrhunderte geweſen ſind. Wolfgang, Kammerer von Worms genannt von Dalberg (5) war der glückliche Vater deſſelben, dem der Segen des Himmels viele Kinder beſcherte, unter welchen aber dieſer ſeinen und des ganzen Geſchlechts Ruhm am meiſten verbreitete, und ſehr große Ehre machte. (6) Dieſer

Wolf-

---

(5) Hier muß ich anmerken daß die Kämmerer von Worms erſt 1330 den Geſchlechtsnamen von Dalberg annahmen. Gerhard ein Ritter, der 1353 ſtarb, heurathete Greta von Dalberg, welche die letzte ihres Geſchlechts war, worauf Schloß und Herrſchaft an die Kämmerer von Worms fiel, und daher den Beynamen davon annahmen.

(6) Er hatte noch zween Brüder, Friedrich und Dieterich von Dalberg, die ſich gleichfalls in der Gelehrſamkeit auszeichne-

Wolfgang wurde 1446 in Rom zum Ritter geschlagen, und ob gleich noch mehrere und höhere Standespersonen zugegen waren, die zu Rittern geschlagen wurden; so widerfuhr ihm doch diese Ehre vor allen andern, welches sich auf eine kaiserliche Freyheit gründet, die dieses Geschlecht erhalten hat. Er verheurathete sich mit Gertraud Greifenclau von Vollrath, Friederich Greifenclau von Vollraths und Adelheit von Langenau Tochter im Jahr 1444 (7) welche die eben so glückliche Mutter war, die ihren so gut gerathenen Sohn noch lange in der Würde als Bischof in Worms glänzen sah, das ihr nicht nur Ehre; sondern auch Freude verursachen mußte. Von diesen Eltern, wovon der Vater 1476 die Mutter aber erst 1502 gestorben, ist also Johann von Dalberg gebohren.

---

zeichneten. S. *Barckhardi Comment. de linguæ latinæ fatis in Germania P. II. p.* 264. *Rieggeri amoenitates litterariæ Friburgenses p.* 313. und in den *addendis* kommt die Zueignungsschrift Wimphellings an denselben ganz für.

(7) Dieses Jahr bemerkt Humpracht in der höchsten Zierde Deutschlands und Vortrefflichkeit des deutschen Adels auf der 32 Stammtafel ganz richtig, hingegen auf der 15 Stammtafel ist es unrichtig wenn 1446 steht, denn sein Vater war schon verheurathet, als er sich zu Rom zum Ritter schlagen ließ, er selbst aber wurde 1445 gebohren.

Das Jahrhundert war auch für ihn und auf seine Bildung desto glücklicher, weil in demselben die Wissenschaften wieder auflebten und aus dem Staube, der sie unverdienterweise bedeckte, herfürgezogen wurden. Selbst die Beyspiele anderer Großen, welche sie beförderten, mußten ihn gleichsam zur Nachahmung anspornen, dann er sah die Kaiser Sigmund, Friedrich III und Maximilian I. Die Päpste Nikolaus V und Pius II der vorher den Namen Aeneas Sylvius führte, ein über aus gelehrter Mann der von allen hohen Häuptern geschätzt, geliebt und geehrt war, K. Karl VII von Frankreich, K. Heinrich VII von Engelland, K. Alphons V von Spanien, K. Johann I von Portugall, Matthias Corvin, König von Ungarn, Dietherrn Churfürsten von Mainz, Eberhard den Bärtigen, Grafen und nachmaligen ersten Herzog von Wirtemberg, den grundgelehrten Kardinal Ximenez in Spanien und den großen Laurentius von Medicis in Florenz und noch viele andere mehr theils als Vorgänger, theils aber auch als gleichzeitige Beförderer und Gelehrten vor sich, die ihm Muth und gleichsam Ehrgeiz einflößten, um sich eben diesen Ruhm eigen zu machen. Wie diese vorzüglich Beförderer waren; so war die Menge der Gelehrten selbst, die durch diese ermuntert wurden, noch weit größer, und in der Folge gewann er sie lieb.

So

So groß aber dieser Bischof war, so groß sein Einfluß auf die Gelehrtengeschichte; so viel er wider alle Erwartung in jenen Zeiten geleistet; so wunderbar ist es, daß sein Andenken noch nie in unsern Zeiten, als das Andenken eines Wiederherstellers der Wissenschaften erneuert und bearbeitet worden ist, denn selbst neuere Schriftsteller, die in der Gelehrtengeschichte groß seyn wollten, und Lehrer derselben waren, haben ihn nicht recht gekannt. So nennt ihn Z. B. Johann Andreas Fabricius (8) Matthäus Bischof in Worms und Johann Paul Reinhard (9) machte aus ihm einen Bischof in Würzburg. Entweder hätte er darunter Johann II von Brunn welcher von 1411 bis 1440 regierte, oder Johann III von Grumbach, der von 1455 bis 1466 Bischof war (10) darunter verstehen müssen, und dann wär ihm unser Johann von Dalberg ganz unbekannt geblieben. Beweise genug, wie fremd, wie unbekannt dieser große Bischof auch den neuern Schrift-

---

(8) In seinem Abriß einer allgemeinen Historie der Gelehrsamkeit 2. Band S. 887 hingegen S. 925 nennt er ihn ganz recht. So verirrt man sich oft und leicht, wenn man nicht recht in diesem Fach auf seiner Hut ist.

(9) In seiner Einleitung zu einer allgemeinen Geschichte der Gelehrsamkeit 1. Band S. 103.

(10) S. Ludewigs Geschichtschreiber von dem Bischofthum Würzburg S. 693. und S. 813.

stellern geblieben, und wie wenig solche seinen Verdiensten nachforschten, die doch andere wo nicht im ganzen, doch fragmentenweiß auf uns gebracht haben.

§. 3.

Da ich nunmehro von Johann von Dalbergs Jugendjahren, von seiner Bildung, von Entwicklung seiner Verstandskräften, von seinen Lehrern in der Jugend, sprechen sollte, um zu sehen, wie er sich auf die Folge Zeit zubereitet, welche Schätze der Litteratur er gesammelt, wie er sie angewendet, und wie er zu dem Reichthum einer so viel umfassenden Gelehrsamkeit kam; so sehe ich mich auf einmal in eine gewaltige Tiefe versenkt, aus welcher ich nicht aufzuschauen vermögend bin. Hier ist eine Lücke, die, wenn nicht noch Nachrichten von ihm selbst vorgefunden und entdeckt werden, schwerlich mehr ausgefüllt werden kann. Leicht aber ist sichs fürzustellen, daß Wolfgang von Dalberg sein Vater weder Fleiß noch Kosten gespart haben wird, seinen Sohn so bilden zu lassen, um seiner Zeit ein nützliches Glied der menschlichen Gesellschaft, dem Staat oder der Kirche aus ihm herfürzubringen. Ein frühauffeimendes Genie ist bald zu merken, und ohne Zweifel hat er dieses in Zeiten von sich blicken lassen, daß es seinen Vater ermunterte, solches durch tüchtige und fähige Lehrer vollends ausbilden

den zu lassen. Ich muß also diese Lücke so lange leer lassen, bis ich in den Stand gesetzt werde, mehrere Beweise davon anführen zu können.

§. 4.

Vorausgesetzt daß Johann von Dalberg durch weise, einsichtsvolle und kluge Lehrer vorbereitet worden, oder etwa auch sich selbst gebildet hat, besuchte er die hohe Schulen, um sich höhere Kenntniße eigen zu machen. Damals war es durchgehends eine Gewohnheit dieselbe in Italien sich zu verschaffen, obgleich Deutschland auch seine Universitäten und geschickte Lehrer hatte. Allein der Ruhm Italiens, besonders in eben diesem Jahrhundert, wohin die gelehrte Griechen im Jahr 1453 flohen und die Wissenschaften verbreiteten, und wo in jenem Zeitalter die grösten Lehrer in allen Fächern der Gelehrsamkeit waren, zog die meisten Deutschen dahin. Ich will nicht sagen, daß es ein Vorurtheil war, sich gerade da ausbilden zu lassen, aber wir wissen gleichwohl, daß Italien in der That die grösten Männer gebildet und Deutschland zurückgeschickt hat. Es ist also ganz richtig und nicht dem mindesten Zweifel unterworfen, daß unser Johann von Dalberg in Italien war, sich dort mit den vortreflichsten Gelehrten bekannt gemacht hatte, und besonders den **Rudolph Agrikola** kennen lernte. Vermuthlich hat ihn auch der Nürnbergische Patrizier **Sixt Tucher** (11) auf seinen Reisen in Italien angetroffen und mit ihm Bekanntschaft gemacht, denn er rühmte ihn außerordentlich, welches D. **Christoph Scheurl** in einem Brief an die **Charitas Pirkheimerin**, die in dem Kloster zu St. Klara in Nürnberg Aebtissin war, ausdrücklich meldet, und so zu sagen aus dessen Munde schrieb, (12) nemlich **Sixt Tucher** hätte zu sagen gepflegt, daß er in seinem ganzen Leben vorzüglich zwey

Män-

---

(11) Dieser Sixt Tucher war seiner Zeit ebenfalls ein sehr berühmter Mann, und wurde 1485 zu Bononien beeder Rechten Doktor. Er hatte in dem Kollegiatstift zu Aschaffenburg ein Kanonikat gehabt, das er aber mit seinem Vetter Hieronymus Tucher um St. Nikolai Altar Präbende verwechselte, S. Hrn. Wills Nürnbergisches Gelehrtenlexikon 4. Theil S. 57. und vergl. die schöne Deduktion von dem Alterthum, Thurnier, Ritter und Stiftsmäßigkeit auch Reichsimmedietät des Geschlechts der Tucher S. 64. u. flgg. wo viel rühmliches von ihm fürkommt.

(12) Dieser in der Originalausgabe sehr seltene Brief ist nebst andern unter dem Titel gedruckt: *Epistola D. Scheurli ad Charitatem Pirckhameram* ohne Jahr, Ort und Drucker 4. vermuthlich aber zu Nürnberg, und der Brief selbst ist datirt *Bononie Calendis Septembris Anno salutis sexto supra Millesimum quingentesimumque*. Diese Epistel fängt Scheurl so gleich mit folgenden Worten-

Männer habe kennen lernen, die eines Theils die Hoheit ihrer Geburt, andern Theils aber der Glanz ihrer Wissenschaften ausgezeichnet hätten, und diese seyen der Graf Johann Pikus Mirandula und Johann von Dalberg. Eine Lobeserhebung aus dem Munde eines nicht alltäglichen Mannes, aus dem Munde eines Gelehrten und Kenners, welche schon ein gutes Vorurtheil von diesem Bischof einflößen muß. An welchem Ort und in welchem Jahr aber er die Doktorswürde erhalten und angenommen, konnte ich eben so wenig ausforschen, daß er aber Doktor in Italien wurde ist nach dem

---

ten an: *Sixtum Tucherum hominem librati judicii & Jurium interpretem acutisimum, dicere solitum accepimus reuerenda Mater se in omni vita duos potissimum viros vidisse, qui claritudine natalium & disciplinarum spendore illustrarentur in quis & nature dotes & fortune bona cumulatim congesta essent. Joannem Picum Mirandulanum comitem Concordie, & Joannem camerarium Dalburgium, Vangionum antistitem. Hunc Germanicum illum Italicum.* In Willbald Pirkheimers *Theatrum virtutis & honoris* oder Tugendbüchlein (Nürnb. 1606. 8.) ist diese Epistel deutsch übersetzt und von S. 101—106 zu lesen. Von des Scheurls Lebensumständen giebt Hr. Will in seinem Nürnberger Gelehrtenlexikon 3. Theil S. 514—521. Nachricht.

dem damaligen Gebrauch keiner weitern Untersuchung unterworfen. Vielleicht hat er sie zu Ferrara erhalten, wo er sich mit Theodor von Plenningen im Jahr 1476 aufhielt und den Rudolph Agrikola hörte und kennen lernte. (13)

Daß die Annehmung der Doktorswürde in den damaligen Zeiten sehr hoch geachtet wurde, und auf den Adel einen besondern Glanz verbreitete, mithin an der Stiftsmäßigkeit nicht den mindesten Abbruch that, oder dieselbe in Zweifel setzte, ist eine schon längst bekannte Sache, und der Pracht bey Ertheilung des Doktorats einer stiftsmäßigen Person, war jederzeit weit größer, glänzender und feyerlicher als bey andern. Wir treffen daher in jenen Zeiten weit mehrere Doktoren vom stiftsmäßigen Adel an, als in den folgenden, weil es jene für eine vorzügliche Ehre hielten. Unser

Jo=

---

(13) S. Henr. *Altingii historia de ecclesiis Palatinis p. 6.* bey des *Ubbonis Emmii vita Mensonis Altingii* (*Groningæ* 1728. 4) auch in Miegs *Monumentis pietatis & litterariis P. I. p. 133.* vergl. Hambergers kurze Nachrichten von den vornehmsten Schriftstellern vor dem 16. Jahrhundert 2. Band S. 1873. Bruders *historia critica Philosophiæ Tom. IV. P. I. p. 36.*

Johann von Dalberg wurde also in Italien Doktor beeder Rechten, und mit dieser ihm Ehre machenden Würde gieng er wieder nach Deutschland zurück, und besuchte die Universität Ingolstadt. So wurde auch Sixt Tucher vorher in Italien Doktor, und dann erst verließ er Italien, gieng gleichfalls noch nach Ingolstadt, wurde dort Professor und darauf auch Rektor. Johann von Dalberg besuchte demnach den 27. August 1478 die Hoheschule in Ingolstadt, wo selbst er sich mit 177 Studenten, die sich zu selbiger Zeit und in eben dem Jahr unter den Rektoren Georg Mayr Doktor und Pfarrern zu St. Morizen in Ingolstadt und Nikolaus Tinctor von Gunzenhausen, der Theologie Bakkalaurn, der Ingolstädter Universitäts Matrikel einverleiben ließen, gleichfalls befand. (14)

Fast sollte ich vermuthen, daß er auch vorher schon auf der Universität Heidelberg, die damals berühmt war, gewesen, denn der verewigte Kremer schreibt (15) un-

---

(14) S. *Val. Rotmari & Jo. Engerdi Annales Ingolstadiensis Academiæ* nach der neuesten von Hrn. D. Joh. Nepomuk Mederer 1782. besorgten Ausgabe *P. I. p.* 13. u. flgg.

(15) S. seine vortrefliche Geschichte Churfürst Fridrichs 1. von der Pfalz. S. 526.

unter andern diese merkwürdige Worte: „Aus dieser „berühmten Pflanzschule war auch der geschickte Die= „ther von Sickingen und die übrige große Männer, „die unter der Regierung des Churfürsten Philipps „hervorgetretten sind." Unter eben diesen großen Män= nern Churfürst Philipps von der Pfalz, war, wie ich bald zeigen werde, unser Johann von Dalberg einer der erften und wichtigsten, der alles in allem war, mit= hin mag er wohl auch als ein Zögling von dieser damals berühmten Pflanzschule erkannt werden können. Ent= weder ist er vorher schon, ehe er nach Italien reißte, oder gleich nachher, wie er daselbe verließ und nach Deutschland zurückkehrte, Domherr geworden, denn so wird er schon beym Rotmar und Engerd (16) ein Domherr zu Trier, Speier und Worms genannt, Humpracht hingegen (17) nennt ihn einen Domherrn zu Mainz, Trier, und Worms, das Jahr aber, wenn er diese Präbenden erhielt, bemerkte er nicht. Doch möchte dieses noch auszuforschen seyn, wenn anderst nicht diese Denkmale verloren gegangen sind, die uns in Gewißheit setzen könnten. Auch der kleinste, der unbe= deutendst scheinende Umstand ist bey einem so berühmten

Man=

---

(16) Am angeführten Orte S. 13.
(17) An angezeigter Stelle Stammtafel 15.

Manne wichtig und führt auf nähere Spuren. Wenn er auch nicht Fürst=Bischof, und nur ein Privatmann gewesen wäre; so wäre er schon groß genug gewesen, groß wegen seiner Geburt, groß wegen seiner Gelehrsamkeit.

§. 5.

Als im Jahr 1476 den 12. December Churfürst Friedrich I von der Pfalz, genannt der Siegreiche mit Tod abgieng (18) von welchem unser Johann von Dalberg in seiner Rede an Pabst Innocenz VIII das ruhmvolle Zeugniß ablegte, daß er der erste gewesen sey, der die alte Kriegszucht in Deutschland wieder eingeführt ha=

---

(18) S. Kremer am angezog. Orte S. 506. die Leichenpredigt hielt ihm von Amsterdam, die ich in der seltenen Ausgabe unter folgendem Titel vor mir liegen habe: *In Fridericum victoriosissimum Bavarie Ducem & magnificentissimum Principem Oratio Funebris magistri Hernici de Amsterdamis Theologie Professoris doctissimi cum epistola Jacobi Wimphelingii Slestad. ad nobilissimos Principes Philippi Co. rhe. Palatini filios. Epigrammata in ipsum Fridericum Argentorati per Magistrum Johannem Grüninger Civem Argentinensem* 4. ohne Jahr vermuthlich aber 1497. Am Ende der Leichenrede steht: *Dixi quinto Kalendas Februarias* M. CCCC LXXVII *Hey*-

del-

habe (19) so folgte in der Regierung desselben Churfürst Philipp der Aufrichtige von der Pfalz, der die süßen, angenehmen Früchte der Siege Friedrichs lange in stiller, ungestörter Ruhe und mit aller der Glückseligkeit genoß, die ein Fürst nur immer genießen konnte. Diese wonnevollen Tage, Tage des Heils und der Zufriedenheit, waren für die Musen die fröhlichsten, die angenehmsten und willkommensten. Philipp, selbst ein Liebhaber der Wissenschaften, ein Verehrer der Künste, Freund und Beförderer der Gelehrten, ließ sich seine

Hohe=

---

delberge *apud sanctum Spiritum* und unter diesen Worten liest man: *Obiit autem Fridericus XII die Decembris Anni Christi* MCCCCLXXVII (soll MCCCCLXXVI heißen) *utroque sacramento munitus, pie & devote inter manus medicorum & theologorum,* und dann folgen die Epigrammen.

(19) S. *Rudolphi Agricolæ opuscula nonnulla* (*Antwerpiæ* 1511. 4.) Bogen K 8. woselbst die merkwürdigen Worte stehen: *hujus Frater* (*Ludovici IV*) *Fredricus Philippi per etatem tutor, difficile diiudicata est prudentior fortior an felicior fuerit, quam crebro admodum collatis cum hoste signis cum presens ipse dimicaverit victoriamque natura incertissima est ut ubique industrie sue certa esset virtute perfecit.*

Hoheschule, von Ruprecht I von der Pfalz im Jahr 1386 gestiftet, (20) nahe angelegen seyn. Unter ihm blühte sie mehr als sie jemals geblühet hatte, und sie wurde bald der Sammelplatz aller großen Geister Deutschlandes. Philipp, ganz für sie eingenommen, lockte sie an sich und beschützte sie. Die Namen eines **Rudolph Agrikola**, eines **Oekolampad**, eines **Johann Reuchlins**, eines berühmten **Abt Trithem**, eines **Jakob Wimpheling**, eines **von Pleningen**, eines **Pallas Spangel**, eines **Jodoc Gallus** und anderer mehr, sind berühmt und geschäzt genug, als daß sie für den damaligen Zustand der Universität Heidelberg, nicht gute Vorurtheile seyn sollten. Allein der erste unter allen diesen war unser Bischof **Johann von Dalberg**, und mit ihm **Theodor von Pleningen**. Beede waren gleich starke Liebhaber, gleich starke Beförderer der Gelehrsamkeit und gleich große Beschützer der Gelehrten, von diesem war Churfürst Philipp überzeugt, und zog sie deswegen an seinen Hof. Den erstern machte er zu seinem Kanzler, und den andern zu seinem Geheimenrath. Das war nun erst der rechte Zeitpunkt, wo sich

alles

---

(20) S. des sel. Kremers Abhandlung von der Stiftung und ersten Einrichtung der hohen Schule zu Heidelberg in den *Actis Academiæ Theodoro Palatinæ Vol. I. p.* 373 — 427 und die daselbst angezogene Schriftsteller.

alles Große in der erhabenen Seele von Dalbergs ent=
wickeln konnte. Hohe Geburt, Macht, Reichthum
und Ansehen vereinigten sich bey ihm, und daher konnte
er ein so vortrefliches Werkzeug bey Wiederherstellung
der Wissenschaften werden. Er wandte auch alles dieß
an, nicht sowohl um seinen Namen dadurch groß zu
machen und ihn zu verewigen, an das er damals wohl
nicht gedacht haben mag, als vielmehr die Wissenschaf=
ten recht empor zu bringen und glänzend zu machen.
Darinn stimmen auch alle Gelehrte überein, und flech=
ten ihm mit Recht Lorbeere um sein Haupt. In der Fol=
ge werde ich noch mehr davon sprechen. Da ich bereits
schon vorher sagte, daß Churfürst Philipp ein Freund
der Gelehrten gewesen sey, und sie beförderte, (21) so
sorgte

---

(21) Dieß beweißt Jakob Burkhard in seinem vortreflichen
Werke *de linguæ latinæ in Germania per XVII
sæcula amplius fatis P. I. p.* 231 in folgenden Worten:
*De Philippo Comite Palatino Rheni, Electore,
cujus Cancellarius Dalburgius prius fuit, quam
Episcopus Creatus est, Rudolphus Agricola scrip-
tum reliquit: Principem eum fuisse æquitate, ju-
stitia, moderatione, clementia, religione, omni vitæ morumque suavitate, & omni principis privatique
hominis laude consumatissimum, qui quum littera-*
rum

sorgte er vorzüglich auch für die Aufnahme seiner ihm sehr nah am Herzen gelegenen Universität. Hatte sein Vorfahrer Friedrich I sowohl bey der Universität, als auch bey dem fürstlichen Kollegium, ein neues Lehramt für die weltliche, das ist, für das römische Recht eingeführt; so errichtete Philipp im Jahr 1498 ein besonderes Kollegium für die Juristen auf, das die neue Bursch genannt worden. Diese Errichtung geschah auf den Sonntag Valentins, wo er an den Dekan, die Doktoren, Lizentiaten, Bakkalauren und sämmtliche Schüler oder Zuhörer der Juristen Fakultät ein Schrei-

---

rum haud rudis esset, & eruditis sermonibus magnopere delectaretur, ac ideo aulam habere vellet litteratis hominibus ornatam Agricolam familiariter complecti cœpit, in consilium de republica adhibitum; seque ei ita deinde præbuit, ut neque ipse plus facere potuerit, neque Agricola tantum potuerit sperare. P. II. p. 208 schreibt er abermals: Philippus certe, Palatinus Elector, omnium doctorum virorum amatorem se præbuit; Princeps in omnes pius, mansuetus ac munificus semper daß er aber auch lateinisch verstanden, sagt er eben daselbst p. 209. Ipse quidem Philippus & Poetas & Leges libenter audivit; utpote qui omnem latinam elocutionem intellexerat. &c.

ben und eine Verordnung ergehen ließ, die unser Bischof Johann von Dalberg als eine neue Anstalt bestättigen mußte. Ein Beweis daß dieses Lehramt des bürgerlichen Rechts etwas ganz neues gewesen. (22) Da aber der Bischof von Worms an diesem Hofe und bey diesem Churfürsten alles und alles war, da er tiefe Einsichten besaß, da er alles leitete, alles vorschlug, die besten Rathschläge ertheilte, und Philipp ihn ungemein liebte und schätzte; so ist leicht zu vermuthen, daß er, da es die Beförderung der Wissenschaften betraf, an diesem Geschäft den größten Antheil hatte. So kann ein Mann von Einsichten, ein Mann von Fürsten geliebt und geschätzt, von Fürsten ermuntert, aus nichts etwas machen, er kann durch ihn Menschen zu wahren Menschen bilden, und dieß that unser von Dalberg, er thats mit Aufopferung seiner eigenen Kösten, und jede Gelegenheit, die sich ihm darbot, benutzte er, und unterstützte sie mit warmem Eifer.

§. 6.

---

(22) S. Kremer in seiner oben angezogenen Abhandlung S. 386. vergl. damit des sel. Prof. Karl Kasimir Wundts *Programma de origine & progressu facultatis juridicæ in academia Heidelbergensi P. II. p.* 15 n. fig. wo selbst er auch die unsterblichen Verdienste unsers von Dalbergs und Pleningen erhebt und laut anpreißt.

§. 6.

Hier muß ich den Faden in der Geschichte der Beförderung der Wissenschaften und der Gelehrten, worinn sich Johann von Dalberg besonders auszeichnete, abbrechen, und ihn als Bischof in Worms auftretten lassen. Diese erhabene Würde war zugleich ein neuer Sporn Wissenschaften und Gelehrte zu befördern und zu unterstüzen. Er wandte seine Einkünfte dazu an, und sein Eifer verdoppelte sich, um Wohlthäter der Gelehrten seyn zu können, der er in einem außerordentlichen Grade war.

Nachdem der Bischof von Worms, **Reinhard von Sickingen** am 12. August 1482 mit Tod abgieng; so gieng die Sorge des hohen Domkapitels vorzüglich dahin, für das Bißthum Worms einen fähigen Vorsteher, einen geschickten und eifrigen Vertheidiger der bischöflichen Gerechtsame zu wählen. Unser großer von Dalberg war zu berühmt, seine Fähigkeiten und seine Verdienste zu bekannt, als daß man nicht sogleich auf seine Person gefallen seyn sollte. Er war damals Domprobst, mithin hätte er auch das nächste Recht zu dieser Würde gehabt, aber die Verdienste haben jenes Vorrecht weit überwogen. Dieß bemerkte Schannat

selbst

selbst auch. (23) Allein da er erst 37. Jahre damals alt war, und die Geseze ein Alter von 40. Jahren erforderten; so wurde eine Gesandschaft an Pabst Sixtus IV beschlossen, um diese Wahl zu bestättigen, die auch durch eine gedoppelte päbstliche Bulle vom Jahr 1482 gut geheißen und unser Johann von Dalberg sogleich als Bischof eingeführt und geweiht wurde. Er war der dritte der den Namen Johann führte, und wurde deswegen Johann der Dritte genannt. Einige und besonders auch neuere Schriftsteller, sind in dem Jahr, worinn er wirtlich Bischof worden, verschieden.

Schan-

---

(23) In seiner *historia Episcopatus Wormatiensis* p. 417 und 418. woselbst er schreibt: *nec diu inter Nobiles Canonicos deliberatum est; tanta enim Joannem a Dalberg antiquissimo Camerariorum de Wormatia ortum stemmate, majorem tunc Præpositum commendabant undique virtutum merita, cum omnigena eruditione conjuncta, sicut a natura factus videretur ad munus hoc condigne obeundum, resque insigni cum utilitatis ac gloriæ fructu gerendas.* Von den weitern Verdiensten meldet er gar nichts, und nur am Ende der Beschreibung p. 422 sagt er überhaupt folgendes davon: *Doctrinam singularem, nec non linguarum orientalium peritiam, testantur innumera illustrium sui temporis virorum Encomia.*

Schannat (24) und Humpracht (25) geben das Jahr 1482 richtig an, und bey der Lage, worinn das Bist thum damals und in viele Streitigkeiten mit der Stadt verwickelt war, konnte die Wahl nicht aufgeschoben, sondern muste vielmehr beschleuniget werden, über dieß bezeugen es auch die päbstliche Bullen, die schon im Oktober 1482 ausgestellt worden sind. Gauß (26) bestimmt das Jahr 1483 und mit ihm auch Rotmar und Engerd oder vielmehr Mederer (27) ja auch der gelehrte Jakob Brucker zweifelt zwischen den Jahren 1482 und 1484, (28) und Heinrich Pantaleon setzt sogar seine Wahl bis in das Jahr 1486 hinaus. (29)

E 4   Ich

---

(24) Am angef. Orte S. 418.
(25) Am angezog. Orte Stammtafel 15.
(26) In seinem Adelslexikon 1. Theil Kolumne 231.
(27) Ju den *Annal. Ingolstadiensis Academiæ P. I. p. 14.*
(28) In seiner vortrefflichen *Historia critica Philosophiæ Tom. IV. P. I. p. 36.* woselbst er seinen Zweifel in folgenden Worten entdeckt: *vel ut alii volunt* MCCCCLXXXIV. Schannat hätt ihm aber seinen Zweifel nehmen, und auch Gauß und Rotmar belehren können.
(29) In seiner seltenen *Prosopographia heroum atque illustrium virorum totius Germaniæ P. II. p. 469.* und in seiner beynahe noch seltenern von ihm selbst verfertigten, verbesserten und vermehrten deutschen Uebersetzung

Ich will von unserm Johann von Dalberg als Bischof und von seinen Streitigkeiten mit der Stadt nichts erwähnen, weil solches außer meinem Gesichtskreise ist, und Schannat weitläuftig genug beschrieben hat, in dessen Plan diese Geschichte auch gehörte. Aber denken läßt sich leicht, daß er genug zu kämpfen, genug Unheil und Widerwärtigkeiten auszustehen gehabt hat, die nicht nur seine Regierung höchst beschwerlich machten; sondern ihn auch an seiner Lieblingsbeschäftigung, an dem Umgang mit den Musen hinderten, denn er wollte seine Pflichten, die ihm als Bischof oblagen, nicht beyseits setzen und vernachläßigen, wollte die Gerechtsame seines Bißthums nicht schmälern oder gar zernichten lassen, um sich bey seinen Nachfolgern keines Vorwurfs auszusetzen. Und so sanft, so gut, so fromm, so wohlthätig und menschenfreundlich er auch beschrieben und geschildert wird, das ihm auch der bloße Neid nicht mißgönnen kann; so mußte er doch bey einem von Seiten

der

---

hung dieses Werks 2. Theil S. 570. wiederholte er diesen Fehler. Den zweyten Fehler begeht er nach seiner Berechnung und wie er das Wahljahr ansetzt, wenn er ihn 18 Jahre lang regieren läßt, und mithin seinen Tod auf das Jahr 1504 setzt. Ein zu wichtiger und zu grosser Fehler in der Chronologie und Geschichte, der Unerfahrne leicht verführen kann, und also bemerkt werden mußte.

der Stadt entstandenen Aufruhr des wilden und unbändigen Pöbels, samt allen Geistlichen fliehen, die Stadt verlassen und 1499 nach Ladenburg, dem eigentlichen bischöflichen Sitz, entweichen. Dieß sey genug, um nur etwas von seiner bischöflichen Würde angeführt zu haben, und nunmehro auf seine weitere Verdienste fortschreiten zu können.

§. 7.

Wer in der Gelehrtengeschichte nur ein bis'gen sich umgesehen hat und mit derselben bekannt ist, der wird allenthalben Spuren von der Gelehrsamkeit dieses Bischofs entdeckt haben. Die Gelehrten seines Zeitalters füllten mit Lobeserhebungen ihre Schriften von ihm an, und sie wetteiferten gleichsam miteinander, und eigneten ihm ihre Schriften zu, die sie der gelehrten Welt mittheilten. Hätte ich diese Quellen benutzen können, und wär nur eine Möglichkeit dazu vorhanden gewesen; so würde ich manch unbekanntes entdeckt, und dem Publikum mitgetheilt haben. Allein wo ist es möglich alle die Schriften zusammen zu bringen, oder wem könnte ich zumuthen, nur oft weitläuftige Stellen davon auszuschreiben und mitzutheilen, wie viele Schriften muß man nicht oft vergebens durchsuchen und ganze Tage aufopfern, ohne nur ein kleines Scherflein ge-

E 5   fun-

funden zu haben. Vielleicht enthält die von Dalbergische Geschichtsbibliothek solche Schriften, welche mehrere Umstände an die Hand geben. Inzwischen will ich mich mit diesem wenigen begnügen lassen, und immer neues hinzu sammeln, um diesen Versuch mit der Zeit vermehrt herausgeben zu können. Es wird genug seyn, wenn ich nur die bekannten Schriftsteller anführe, die von seiner viel umfassenden Gelehrsamkeit Nachricht mittheilen. Er war ein Mann der viele Kenntnisse besaß, ein Mann von tiefen Einsichten, von Erfahrung, von einer außerordentlichen Staatsklugheit, wie man sie in jenen Zeiten erwarten konnte, ein Mann der seine Sprachen verstund, und was das seltenste ist, auch die hebräische und griechische Sprache, in welchen er eine große Fertigkeit besaß. Von andern Wissenschaften will ich nichts erwähnen, in denen er gleich groß war. Doch darf ich nicht vergessen, daß er auch ein guter Tonkünstler und Kenner der Tonkunst war, welches *Matthäus Herben* (30) beweißt. So giebt mir auch eine Stelle in einem

Brief

---

(30) Dieser eignete unserm von Dalberg folgendes Werk zu: *Libri de natura cantus ac miraculis vocis*, ad *Joannem Camerarium Dalburgium, Antistitem Wormatiensem*. Da dieses Buch niemals, so viel wenigstens mir wissend, gedruckt erschien, und sich in der ehemaligen

Kay-

Brief Konrad Peutingers an Johann Reuchlin zu
erkennen, daß er in der Münzwissenschaft gleichfalls
nicht unerfahren gewesen seyn muß, oder ein Münzka-
binet gehabt hat. (31)   Ueberhaupt, Johann von
Dalberg war seiner Zeit ein Wunder, und auch in unserm Zeitalter würde er sehr bewundert werden, denn
sein Stand ließ es weniger erwarten, als damals mehrere Fürsten und große Herrn sich es zur Ehre rechneten,
gelehrt zu seyn, wo heut zu Tag kaum ein Patrizier zu
finden,

Raymund Kraftischen Bibliothek zu Ulm befand, so hat
solches der sel. Schelhorn in seinen *amœnitat. litterariis Tom. III.* p. 82 angeführt und die Zueignungsschrift ganz von p. 83 — 86. abdrucken lassen. Die
vorangesetzte Zueignung ist gegeben: *Ex Trajecto su-
per Mosam quinto Kalendas Maias Anno Domini*
Mccccxcvi.

(31) S. *Clarorum virorum epistolæ latinæ, græcæ, &
hebraicæ variis temporibus missæ ad Joannem
Reuchlin* (*Tub.* 1514. 4) Bogen e y. woselbst Peu-
tinger schreibt: *Cura quod Patronus noster Dalburgius aliquando Cæs. suos vel saltem nomismatum
inscriptiones ad nos mittat.* Vergl. *Jo. Ge. Lotteri vita Conr. Peutingeri,* die neueste Ausgabe des Hrn. Franz
Ant. Veiths C. Aug. Vind. 1783. 8) p. 61. not. (K)
der Brief ist gegeben *Augustæ X Kalend. Maias
Anno* M. D. II.

finden, der sich den Wissenschaften widmet, die meisten derselben aber gar für einen Schimpf halten, mit den Musen nur in der Ferne vertraut zu seyn. So dachte unser von Dalberg nicht, sonst würde er nie so groß geworden, würden ihm nicht die verdienten Lorbeere geflochten worden seyn. Ein Abt Johann Trithem (32) ein Jakob Wimpheling (33) ein Sixt Tucher und Scheurl

---

(32) In seinen *scriptoribus ecclesiasticis* (*Paris* 1512. 4) *Folio* CXCVIII sagt er von ihm: *Joannes Camerarius de Dalburg Episcopus Wormaciensis natione teutonicus: jure consultus celeberrimus, & tam in divinis scripturis quam in saecularibus litteris eruditissimus,* und schreibt noch weiters: *daß er in utraque lingua peritus rhetor & Poeta clarissimus sey.* Er hat ihm dieses Werk selbst zugeeignet. *Ex Spanhem sexto Calend. Maii An. Domini M. CCCC. XCII.* wo noch mehrere Lobsprüche auf ihn zu lesen sind. Vergl. *Jo. Alb. Fabricii Bibliotheca ecclesiastica p.* I. und 217.

(33) Da ich dessen seltenes Werkgen unter dem Titel: *Isidoneus Germanicus,* welchem die oben in der Anmerkung 18 angezogene Leichenrede von Amsterdams auf Churfürst Friedrich I. beygefügt ist, vor mir liegen und eingesehen habe, so fand ich *Folio XXI. Cap. XXV.* wo er *de studio litterarum graecarum* handelt, folgender

45

Scheurl (34) ein Konrad Geßner (35) ein Heinrich Pantaleon (36) ein Martin Crusius (37) ein Johann

---

genden Lobspruch: *Studiosissimus que est illarum (nempe litterarum græcarum) Jo. Cam. Dalburgius illustris Vangionum antistes germanorum gloria, familiæ suæ splendor, Philippi Bavariæ Ducis insigne decus, episcoporumque corona, quem propter admirabilem doctrinam & præclaras virtutes ad majora natam auguramur.* Von Wimphelings Leben S. Hrn. von Riggers *amœnitates litterariæ Friburgenses Fasc. II. & III. p.* 161 & 581 woselbst er *p.* 185 und 186 von dreyerley Ausgaben dieses Werkgens Nachricht giebt.

(34) In dem oben in der Anmerkung 12 angezogenen Brief an die Charitas Pirkheimerin.

(35) Dieser nannte ihn in seiner *Bibliotheca* Folio 396 b. einen *Jureconsultum celeberrimum in utraque lingua peritum* vergl. die vom Simler und Frits vermehrte Ausgabe (*Tig.* 1583) p. 417.

(36) In seiner *Prosopographia heroum p.* 469 nennt er ihn einen *Philosophum, Rhetorem, Poetam, Jureconsultum & Theologum doctissimum.* Vergl. dessen deutsche Uebersetzung S. 570.

(37) Dieser schreibt von ihm in seinen *annal. Suevicis P. III. p.* 508 daß er *virtute & doctrina longe præstantissimus, trium linguarum egregie peritus, renascen-*

Johann Heinrich May (38) ein Jakob Burkhard (39) ein Johann Albert Fabricius (40), ein Jakob Brucker (41) ein Magnoald Ziegelbauer (42) ein Johann Nepomuck Mederer (43) und noch viele andere

---

scentium in Germaniis, humanitatis & Philosophiæ studiorum summus Fautor ac Mæcenas gewesen sey.

(38) *In vita Jo. Reuchlini Phorcensis* p. 187 -- 195 wo sehr vieles zu seinem Lobe gesagt wird.

(39) *Comment. de linguæ latinæ in Germania fatis P. I.* p. 190. u. fgg. *P. II.* p. 257. u. fgg.

(40) In seiner *Bibliotheca latina mediæ & infimæ ætatis* (nach der neuen Ausgabe des Joh. Dominicus Mansi *Catavii* 1754. 4.) *Tom. II.* p. 3. woselbst er *eruditus ipse & Mæcenas eruditorum* genannt wird.

(41) *In historia critica Philosophiæ Tom. IV. P. I.* p. 37. wo er ihn in einer Anmerkung *litteratissimum episcopum magnumque eruditorum inter Germanos Mæcenatem* nennt.

(42) *In historia rei litterariæ Ord. S. Benedicti P. III.* p. 339 schreibt er; *quem in græcis tradendis litteris & scriptoribus interpretandis palmam aliis sui temporis præripuisse nemo ignorat, nisi qui in eruditorum historia plane hospes.*

(43) *In Annal. Ingolstadiensis Academiæ P. I.* p. 13. *singulare enim & illustre non suæ tantum familiæ, sed totius Germaniæ decus & ornamentum fuit, utpote*

andere mehr, alle diese Männer, deren Namen berühmt sind, verkünden in ihren Werken die Größe, die Gelehrsamkeit Johann von Dalbergs des Musenfreunds und Günstlings Churfürst Philipps von der Pfalz. Lauter Zeugnisse die wichtig, Zeugnisse die noch von jenen Zeiten zum Glück auf uns gekommen sind, sonst hätt' er das Schickfal wie viele andere erfahren müßen, vergessen zu werden, aber sein Gedächtniß, das Gedächtniß eines großen Mannes, blieb im Segen.

§. 8.

Churfürst Philipp der, wie ich schon gemeldet habe, vorzüglich bedacht war, gelehrte Leute herbey zu locken, und seine Universität berühmt zu machen, brauchte besonders unsern Johann von Dalberg dazu. Dieser war ein Kenner der Gelehrten, er hatte genaue Bekanntschaft mit ihnen, suchte sie selbst auf alle Weise zu befördern, und war daher ein gut ausgewähltes Werkzeug, den Absichten Philipps zu entsprechen.
Dieß

---

utpote qui & jurisprudentiæ linguarumque trium cognitione, & summa cum in latino, tam etiam Italico, Germanicoque idiomate eloquentia, tum vero prudentia & in rebus agendis industria æqualem fere sibi nullum, superiorem certe se neminem sua ætate habebat.

Dieß war auch die Ursache, daß er bey dem selben alles galt, aber sich auch in allem auf ihn verlassen konnte. Wie viele Minister giebt es in unsern Zeiten an Höfen, von denen man das mit Grund der Wahrheit sagen kann? wie viele sind, die auch nur superficielle Kenntnisse besitzen? wie viele; die als ehrliche Bidermänner denken, und ihrem Fürsten das Beste rathen? und giebt es je hie und da noch einen, so ist er der Gefahr ausgesetzt, ein Opfer der Rache eines andern zu werden, der sich durch verbotene Schleichwege schwingen und in Ansehen bringen will. Aber das Unglück vergrößert sich noch, wenn der Fürst nicht Meister über sich selbst ist, und jedem Schmeichler, jedem Höfling seine Ohren darbietet, und sich schädliche und widrige Grundsätze einblasen läßt. So vergiebt oft ein solcher durch seine Empfehlungen und viel vermögende Vorworte die wichtigsten Stellen, die oft den Mann nicht haben, und bloß deswegen, weil er weder von der Stelle selbst, noch von dem Mann Kenntnisse hat. Ich möchte gern allen denen meinen von Dalberg zum nachahmungswürdigen Muster empfehlen, ich möchte ihn in dieser Würde so schildern können, daß sich diese Herren, die oft mehr als Fürsten aber unwürdig fürstellen, in ihn wie in einen Spiegel schauen und ihre häßliche Karrikatur zu ihrem eigenen Abscheu erblicken könnten. Vielleicht möchten

ten sie dadurch abgeschröckt und besser werden, und wo nicht, so blieben sie weiter nichts als der Abschaum des menschlichen Geschlechts, vor denen jeder ehrliche, jeder edeldenkende und gutgesinnte Mann wie vor einer Pest fliehen müßte.

Von Dalbergs Geburt, Vermögensumstände, Kanzler und bischöfliche Würde vereinigten sich, ihm Ansehen und in allen seinen Unternehmungen Gewicht zu geben. Ihm war nichts zu kostbar, das er nicht mit schweren Kösten herbeyschafte, und seine ganze Absicht war; die Gelehrsamkeit empor zu bringen, sie zu befördern und ihr, da sie lange genug verfunken war, aufzuhelfen, um sie in ihrem Glanze durch ganz Deutschland verbreitet zu sehen. In der That eine sehr rühmliche Absicht, der ich viele Nachahmer in unsern Zeiten wünschte, denen die Glücksumstände eben so günstig wären, als sie unserm von Dalberg gewesen. Es giebt noch manche derselben, aber sie wollen und mögen nichts thun, und thut dann und wann einer etwas weniges, das in seinen Augen vielleicht groß seyn mag, um vor andern zu leuchten; so glaubt er schon, er habe Himmel und Erde erschaffen. Unser Bischof brüstete sich deswegen nicht, er schätzte sich vielmehr glücklich alle seine Kräfte und einen Theil seines Vermögens aufzu-

D opfern,

opfern, um Gelehrte vom Untergang zu retten, sie zu befördern und durch sie die Wissenschaften zu erheben und auszubreiten. Hier lenke ich auf seine unsterblichen Verdienste ein.

§. 9.

Bey unserm von Dalberg muß ich den Anfang machen, und dann weiters folgern. Kein geringes Verdienst ist es, daß Churfürst Philipp ein sehr großes Zutrauen in ihn setzte, und ihn bey den wichtigsten Angelegenheiten nicht nur zu Rathe zog, sondern oft selbst gebrauchte. So sandte er ihn 1485 als seinen Redner nach Rom, um in seinem Namen dem neuen Pabst Innocenz VIII in einer Rede Glück wünschen zu lassen. Seine Einsichten, seine weit ausgebreitete Gelehrsamkeit und selbst seine Redekunst, legt diese Rede ab, die er, als er schon drey Jahre lang die bischöfliche Würde begleitete, am 6. Julius 1485 hielt. (44) Gewiß keine geringe Ehre für ihn, um sich auszuzeichnen, und seinen Ruhm noch mehr zu verbreiten. Er schilderte Philippen sehr kenntlich, und erreichte dadurch vollkommen die Absichten, die Churfürst hatte. So wuchs auch die Gunst gegen ihn, und machte sich immer größer, so wie sein Einfluß in die Geschäfte und Handlungen immer wichtiger wurden.

§. 10.

---

(44) Sie steht *in Rud. Agricola nonnullis opusculis.*

§. 10.

Seine Verdienste vergrößerten sich in Rücksicht der Beförderung der Gelehrten, die er zum Theil an den Hof Churfürst Philipps zog und ihnen alle Bequemlichkeit verschafte. Ein Beyspiel ist der große Rudolph Agrikola, der vollkommen des erhabensten von Dalbergs würdig war, und einer dem andern Ehre machte. Agrikola ein großer Mann unter der Zahl jener großen Männer, die sich um die Wiederherstellung der Wissenschaften verdient gemacht und ausgezeichnet haben, und denen man die Aufklärung zu verdanken hatte, verdient unter allen den ersten Platz neben seinem Wohlthäter und Beförderer von Dalberg. In Deutschland führte er die griechische und lateinische Sprache ein, welche vorher im Staube der Vergessenheit lagen, und die erstere lernte er in Italien vom Strozza, Guarino besonders aber Theodor Gaza. Die Bibliotheken daselbst, die jederzeit an Schätzen des Alterthums berühmt waren, gaben ihm noch mehr Gelegenheit seine Kenntnisse zu erweitern. Dieß war zu Ferrara, wo selbst er auch unsern von Dalberg kennen lernte. Ein glücklicher Zeitpunkt für Deutschland, denn von Dalberg beeiferte sich, ihn zu sich nach Worms und Heidelberg zu locken. Es war an dem, daß er nach Antwerpen kommen sollte, wo er seine Dienste anbot, mit der Besoldung aber nicht eins werden konnte. Vielleicht dachte er damalen nicht, daß er noch Freunde in Deutschland hatte, die auf ihn und seine Beförderung denken würden, Freunde mit denen er zu Ferrara in Bekanntschaft kam. Johann von Dalberg und Theodor von Pleningen (45) waren am Hofe Philipps, beede gleich große Verehrer und Beförderer der Gelehrsamkeit. Ersterer also ließ dem Agrikola 1482 durch den von Pleningen schreiben, daß er zu ihm nach Heidelberg und Worms kommen sollte. (46) Die Bedingungen

wa=

---

(45) S. Burkhard am angef. Orte *P. I. p.* 239. 240. *P. II. p.* 265.

(46) Agrikola erzählt dieses selbst in einem Schreiben an Jakob Barbirian, das in seinen *opusculis* abgedruckt ist, wovon ich einiges aus demselben hier anführen will. *Illic redduntur mihi litteræ ex Theodorico Plinio* (so nennt er den Theodor von Pleningen in seinen Briefen insgemein) *ornato homine & mei amantissimo, qui Juris civilis Doctor inprimis eruditus in Consilio est comitis palatini credo vidisse te illum superiore anno in comitatu Domini Augastensis, quia perpetuo magistrum Adolphum nostrum affectabatur. Juvenis decora facie & flavis crispantibusque capillis insignis. Is itaque scribebat Cancellarium*

co-

waren auch ſehr vortheilhaft, denn er verſprach ihm nicht nur alle Bequemlichkeit zu verſchaffen; ſondern er verhieß ihm auch, daß er ihm keine öffentliche Amtslaſt aufbürden wollte, und verſicherte ihn auch der Gnade ſeines Fürſten. Von Pleningen der immer um unſern von Dalberg war, mit ihm, im engſten Band der Freundſchaft ſtund, und gleichſam ein Herz und eine Seele waren, lag dem Agrikola ſtark an, daß er nach Heidelberg kommen ſollte. Er ließ ſich auch von ihm

D 3   und

comitis palatini cui Joanni Dalburgio nomen eſt hominem nobilem apprime atque egregie eruditum: & mihi longa vitæ conſuetudine ſumma benevolentia: ſummo ſtudiorum conſenſu, charum atque perinde devictum ad Vormacenſis eccleſiæ epiſcopatum poſtulatum eſſe. Orare illum & ſummopere hoc a me ſummoque ſtudio contendere ut ad ſe venirem quam primum id facere poſſem. Acturum ſe mecum ea fide, ea benivolentia quam jam pridem in eo cognoviſſem & experimento compertam haberem. Munificentia vero tanto propenſiore futurum, quanto paratior ejus nunc ſibi facultas eſſet quam antea fuiſſet Curatarum ſe & omni enixurum opera ut intelligerem non ſibi magis ipſum honore rebusque auctum eſſe quam mihi diviſurumque cuncta mecum & (que lex amicitiæ apud veteres ſancita eſt) omnia nos communia

und durch seine Versprechungen bewegen, und reiste dahin, um alles selbst einzusehen. Churfürst Philipp und von Dalberg empfiengen ihn auf das gnädigste und zärtlichste, und suchten ihm Muth einzuflößen, daß er bleiben möchte. Agrikola ließ sich bald gewinnen, reiste aber vorher noch einmal nach Hause. Unterwegs, als er nach Bacherach kam, traf ihn ein Botte an, der ihm Briefe von seinen Freunden brachte, worinn ihm die Nachricht ertheilt wurde, daß ihn die Stadt Antwer-

munia habituros. Addebat ad hanc Theodricus preces suas monere rogare exposcere ut venirem juncturos nos rursus vetus, contubernium nam & ipse domi Domini Cancellarii degit repetituros pristina studia: omnem intermissam consuetudinem alacritatemque letioris vitæ revocaturos. Abrumperem modo quicquid morari me posset, & venirem daremque hoc vel amicitiæ nostræ si minus utilitate rerum vel utilitati si minus amicitia permoverer. Aut certe potius his utrisque concederem quorum crederet ut pervincerer sufficere posse. Da dieses Schreiben über diesen Gegenstand zu weitläuftig ist, so muß ich hier abbrechen. Der Brief ist gegeben *Colonie Calend. Novembris Anno* MCCCCLXXXXII. Daß hier in der Jahrzahl ein Fehler und ein x zu viel gesetzt, nicht aber ausgelassen worden ist, wie Brucker sagt, haben schon andere bemerkt, und ist leicht zu erkennen.

werpen zum Lehrer ihrer Schule wollte. Dieß setzte ihn einigermaßen in Verlegenheit, und überlegte es mit einigen seinen Freunden in Kölln. Er bezeigte jederzeit einen Abscheu vor dem Schulstaub, und dessen Eingedenk, lehnte er den Beruf von sich ab, und wählte Heidelberg. Ob er aber erst 1484 dahin kam, wie Brucker behauptet (47) zweifle ich fast, indem er sich schwerlich zwey Jahre zu Haus aufgehalten, sondern vielmehr seine Rückreise beschleunigt haben wird, um uach Heidelberg zurück zu kehren. Er sagt auch selbst, daß er sich nur ein paar Jahre zu Heidelberg aufgehalten hätte, mithin ist der sichere Schluß, daß er, wo nicht gleich nach seinem Beruf 1482 doch gleich zu Anfang 1483 nach Heidelberg gekommen, indem er schon am 28 Oktober 1485 zu früh für die Wissenschaften starb. Noch weiter widerspricht er sich, wenn er sagt, er habe kaum mit dem Anfang des Jahr 1484 in Heidelberg zu lesen angefangen, als man ihn gleich bewunderte. Diese Widersprüche, die der sel. Brucker gleich hinter einander begieng, befestigen also die Wahrheit, daß er entweder gleich am Ende des Jahrs 1482 oder zu Anfang 1483 in Heidelberg angekommen. Er hielte sich aber bald

---

(47) In seinem Ehrentempel der deutschen Gelehrsamkeit S. 4. und vor ihm Bayle in seinem historisch kritischen Wörterbuch 1. Theil S. 104.

bald zu Heidelberg, wo er nichts wenigers als Professor war, sondern nur freywillig las, bald zu Worms auf, und war immer um unsern von Dalberg, welcher so viel auf ihn hielt, ihn so sehr liebte und schätzte, daß er ihm so gar einen bekehrten Juden auf seine Kosten hielt, der ihn das hebräische lehren mußte (48) Churfürst Philipp, ein Liebhaber der Geschichte, wünschte einen kurzen Begriff derselben und Agrikola in Gesellschaft von Dalbergs und Reuchlins, diese Triumvirs, verfertigten solche. (49)

§. 11.

---

(48) S. *Bruckeri historia critica Philosophiæ Tom. IV. P. I. p.* 36. u. flg. deſſen Ehrentempel der deutſchen Gelehrſamkeit S. 4. *Burckardi Comment. de linguæ latinæ in Germania fatis* an vielen Orten. Struvs pfälziſche Kirchenhiſtorie S. 4. Bayle's hiſtoriſch kritiſches Wörterbuch 1. Theil S. 103 u. flgg.

(49) *Maii vita Jo. Reuchlini p.* 193 und *p.* 555 ſetzt er die Worte Melanchthons hin, die ich hier, da ſie an ihrer rechten Stelle ſtehen, wiederholen will: *Memini Capnionem narrare, se cum Rudolpho Agricola, Episcopo Dalburgio, & aliis praestantissimis viris, quorum aliquos bene novi, fuisse in aula Palatini, quia habuit illa aula viros praestantissimos & ingeniosos, ut illum ipsum Dalburgium & alios. Et quia audivit princeps eos sæpe colloqui de historiis & antiquis*

§. II.

Ein anderes Beyspiel giebt auch der vortrefliche Johann Reuchlin, den von Dalberg und von Pleningen gleichfalls an den Hof nach Heidelberg zogen. Dieser Gelehrte ist zu Pforzheim einer Stadt im Durlachischen 1445 gebohren, und macht Schwaben wahre Ehre, vorzüglich, da er unter die große Männer gehört, die die Wissenschaften wieder hergestellt haben. Nach dem Tod Herzog Eberhards von Wirtemberg kam ein Administrator, dem unser Reuchlin verdächtig gemacht wurde. Reuchlin vielleicht zu schwach

---

quis rebus gestis, petivit ab illis, ut sibi historiæ epitomen conscriberent, & redigerent in ordinem annos Monarchiarum; quia non habuerunt illa tempora, sicut nostra, tam concinnas & breves chronologias. Tradidit etiam Princeps satis liberales sumptus ad collectionem illarum historiarum. Illi igitur contulerunt operas ac Capnio & Agricola ex monumentis veterum scriptorum conscripserunt librum quendam propemodum eo ordine, quo nos contexuimus Carionis chronicon: & excerpserunt jucundiora, ac tradiderunt illum librum Principi: qui ita fuit delectatus eo, ut quotidie in eo legeret. Existimo etiam illum librum adhuc extare in Bibliotheca Palatinorum.

schwach sich gegen diesen Administrator zu vertheidigen, oder zu furchtsam ihm mit ernster Mine unter das Gesicht zu sagen, daß es Verleumdung sey, ergrief, um sich dessen Rache sich nicht auszusetzen, der Sicherheit wegen die Flucht, und gieng nach Heidelberg, wo er von dem Churfürsten Philipp und von unserm von Dalberg überaus gnädig aufgenommen wurde, und an dem von Pleningen, Rudolph Agrikola, Johann Wacker oder Vigilius, welcher gleichfalls in die Reihe dieser berühmten Gelehrten gehört, und andern Männern solche Gesellschafter fand, die seinen Absichten und seiner Erwartung vollkommen entsprachen. Bey dem Johann von Dalberg hielt er sich beynahe immer auf, und war beständig um ihn, er konnte ihn aber auch nicht genugsam erheben, besonders da er freyen Zutritt in seine Bibliothek hatte. Von ihm soll von Dalberg die hebräische, und vom Rudolph Agrikola die griechische und lateinische Sprache gelernt haben, wenigstens nennt unser von Dalberg den Reuchlin in einem Brief an denselben, seinen Lehrer (50). Allein es scheint mir dieß mehr

die

---

(50) Es ist der zweyte Brief ohne Jahr in der schon angezogenen seltenen Sammlung der Briefe an Reuchlin in der Anmerkung 31. der die Ueberschrift hat: *Joannes Camerarius Dalburgius Episcopus Wormatienſis chariſsimo praeceptori ſuo Jo. Reuchlin S. D. P.*

die Sprache der Höflichkeit zu seyn, als daß von Dalberg, der vorher schon groß und gelehrt genug war, ein Schüler dieser beeden, an sich großen Männer gewesen. Ich glaube vielmehr, daß von Dalberg darunter die gelehrte Unterredungen und den gepflogenen Briefwechsel mit beeden verstanden hat, und Niemand unbekannt seyn kann, daß man bey solchen Gelegenheiten zugleich auch lernt, welches die tägliche Erfahrung lehrt. (51) Reuchlin erkannte die Wohlthaten seines großen Mäcens von Dalberg nur zu sehr, als daß er hätte undankbar seyn können. Er verfertigte also demselben zu Ehren eine Komödie, welche die erste war, die in Deutschland gehalten wurde. (52) Er führte solche 1498 in dem Hause des Bischofs zu Heidelberg auf,

wor=

---

(51) Mederer in den *Annal. Ingolstadiensis Academiæ P. I. p.* 14 machte schon diese richtige Bemerkung wenn er sagt: *Latius, ni fallor, vox Præceptoris accipienda est, eo scilicet sensu, quo Dalburgius ex consuetudine, colloquiis, epistolis &c. doctissimorum illorum virorum proficere studuerit; id quod de Joanne Virdungo etiam & Sebastiano Münstero, quos in Academia Heidelbergensi nosse cœpit, intelligendum.*

(52) S. *Crusii annal. Suevici P. III, p.* 508. Vergl. von Seckendorfs *historia Lutheranismi p.* 104.

worauf von Dalberg die Perſonen, die dazu gebraucht wurden, ſpeiſte, und ſich ſo freygebig gegen ſie bewieß, daß er ihnen goldene Ringe und Münzen austheilte, und damit ſeine Freude, und ſein großes Wohlgefallen über dieſes neue Phänomen an Tag legen wollte. Nach dieſer Feyerlichkeit hielt ſodann Valentin Helffant im Namen der ganzen Geſellſchaft die Dankſagung (53) So wurde unſer Biſchof von Dalberg geehrt, geliebt,

ge-

---

(53) S. *Maii vita Reuchlini* p. 189. Weil dieſe Stelle das Lob unſers von Dalbergs und ſeines Geſchlechts enthält; ſo will ich ſie hier ganz einrücken: *Comicos hos ludos Illuſtris Princeps, & ſacratiſsime Pontifex! quos ingenii exercitandi tantum, nullius lucri aut quæſtus gratia inſtituimus, tuo nomini dedicamus æquiſsimo jure. Tu enim & primus & ſolus es, qui humanitatis ſtudia & litteras politiores in hoc Heidelbergenſe Lyceum, in hanc ſtoam (non enim vere dixerem academiam, cujus Plato fuit auctor, quam adhuc publice ſordidis naribus nauſeant) ſed in hanc inquam ſcholam quaſi humeris ipſe tuis intuliſti, & ab indoctis, incultis & invitis veteratoribus quotidie defenſitas, adeo ut nullæ ſint litterarum deliciæ, nulla Germaniæ muſa, quæ non in Tuas laudes merito aſpiret, Te Tuamque illam nobilem Dalburgiorum familiam non in coelum uſque ſummis efferat præconiis.*

geschätzt und über alles erhoben. (54) Churfürst Philipp, der Reuchlin gleichfalls schätzte und seine Gelehrsamkeit bewunderte, schickte ihn 1498 nach Rom als einen Abgesandten, welches auf Empfehlung unsers von Dalbergs geschah, der dessen Fähigkeiten zu solchen Geschäften kannte. Seine Rede an Pabst Alexander VI hat May abdrucken lassen (55) und seine Beredtsamkeit hatte große Wirkung gehabt.

§. 12.

Konrad Celtes gehört gleichfalls mit unter diejenigen Männer, welche unser von Dalberg sich gewann. Der über alles Lob erhabene Name desselben, der weit ausgebreitete Ruf in dem er stunde, seine bekannte Wohlthätigkeit und Unterstützung, die er den Gelehrten zufließen ließ, wurde auch dem Celtes bekannt, und ohne Zweifel dadurch angespornt, begab er sich nach Heidelberg, woselbst er von dem Agrikola

die

---

(54) S. Bruckers Ehrentempel der deutschen Gelehrsamkeit S. 41. und dessen *historia critica Philosophiæ Tom. IV. P. I. p.* 363. und flgg.

(55) *In vita Reuchlini* p. 193 u. flgg. Vergl. Bruckers kurze Fragen aus der philosophischen Historie 6. Th. S. 544 und 561.

die Gründe der lateinischen, griechischen und hebräischen Sprache, so wie die Dicht- und Redekunst erlernte. Heidelberg hatte er seinen nachmaligen Ruhm zu danken, denn er setzte sich auf dieser Pflanzschule so feste, daß er mit allen Ehren andre hohe Schulen beziehen konnte. (56) Er war vorzüglich mit dem von Dalberg an der ersten Errichtung und Gründung der Rheinischen Gelehrtengesellschaft schuld, von der ich bald das nothwendigste anführen werde.

§. 13.

Unter diejenige verdiente und berühmte Männer, welche mit unserm von Dalberg in dem engsten Bande der Freundschaft lebten, und gemeinschaftlich, durch sein großes Beyspiel aufgemuntert, arbeiteten, war auch der gelehrte Abt Johann Tritheim vorzüglich zu zählen. Dieser bekannte Schriftsteller, dessen Schriften größtentheils auf uns gekommen sind, und einer neuen Ausgabe würdig wären, hat ihm öfter als einmal ein Denkmal seines Danks und seiner Verehrung errichtet. Er eignete ihm sein bekanntes und noch brauchbares Werk von den kirchlichen Schriftstellern zu, und
widme-

---

(56) S. Bruckers Ehrentempel der deutschen Gelehrsamkeit S. 128. u. flgg. vergl. Nicerons Nachrichten berühmter Gelehrten 12. Theil S. 327.

widmete ihm in demselben einen eigenen Artikel. Seine Worte sind, wie man merkt, zu schwach, um dessen Lob und Gröse nach Würden ausdrücken zu können, um das zu sagen, was er eigentlich hatte sagen wollen. Er war es, der von dem großen Bischof, von einem Reichsfürsten, der von Dalberg vermög seiner bischöflichen Würde war, sagen konnte, er sey sein Lehrer gewesen. Ein Zug in dem Charakter in dem Leben von Dalbergs, der gewiß Bewunderung verdient, und ihn besonders vortheilhaft auszeichnet. In der That viele Herablassung, aber zugleich auch ein Beweis von seinem mehr als zu großen Eifer, von seiner auf den höchsten Grad getriebenen Liebe gegen die Wissenschaften, und gegen diejenigen, die gleiche Triebe gegen dieselbe merken ließen. Trithem rühmt ihn also als seinen Lehrmeister, nicht allein in der Zueignungsschrift seiner kirchlichen Schriftsteller, sondern auch in seiner seltenen Polygraphie. (57) Ruhmvoll für den von

Dal:

---

(57) *Lib. IV* wo selbst er unter andern schreibt: *quondam Praceptor meus Joannes Camerarius Dalburgius ecclesiæ Wormatiensis. Reverendissimus Antistes aliquot millia dictionum græcarum collegerat, quæ in utraque lingua græca & germanica idem significant.* S. *Ziegelbauer historia rei litterariæ Ord. S. Benedicti Tom. III. p.* 219.

Dalberg, und eben so ruhmvoll für Trithem. Dieß macht ihn allein groß genug, denn es ist, wie ich schon oft und oben durch die Zeugnisse gelehrter Männer bewiesen habe, ein überzeugender Beweis von seiner mehr als großen und weitläuftigen Kenntniß in den Sprachen und in allen übrigen Wissenschaften.

§. 14.

In den Wissenschaften groß seyn, und sich als einen vorzüglichen Wiederhersteller derselben auszeichnen, setzt zum voraus, daß von Dalberg insonderheit auch auf Anlegung einer Bibliothek den Bedacht genommen haben wird. So wie sein Beyspiel in der Gelehrsamkeit auch den Churfürst Philipp aufmunterte, ihme nachzuahmen, und wahren Geschmack daran fand; so suchte er auch die gelehrtesten Männer herbey zu ziehen, wie von Dalberg that und an diesem sah, sich mit ihnen öfters zu unterhalten und sie lieb zu gewinnen. Dieser Churfürst wurde also auch ermuntert, eine Bibliothek anzulegen. Man därfte unsern von Dalberg den Urheber nennen, wie ihn auch mit dem Agrikola der verdiente Herr Rath Jugler nennt. (58) Unser Bischof von

Dal-

---

(58) *Bibliotheca historiæ litterariæ selecta Struvio-Jugleriana Tom. I. p.* 180.

Dalberg lernte schon in Italien die vorzüglichsten Bücher kennen, besah die berühmtesten Bibliotheken, und was dort und in Deutschland von guten Büchern erschien, mußte herbey geschaft werden. Seine Auswahl war gewiß gut, weil er einen feinen Geschmack hatte, und Kenntnisse besaß, und weil er wußte, wozu vorzüglich dieses oder jenes Buch taugte, um daraus noch mehr Lehren der Weisheit ziehen und sammeln zu können. Durch diese Anstalt vergrößerten sich von Dalbergs Verdienste noch mehr, denn er bewies dadurch, wie viel umfassend, wie groß, wie ausgebreitet seine Gelehrsamkeit sey.

Italien und Deutschland lieferte in jenen Zeiten viele und zum Theil gelehrte Produkte, womit diese Bibliothek, ohne alle Rücksicht auf die Kosten, bereichert wurde. Rudolph Agrikola, der, wie ich schon oben bemerkte, zu Heidelberg gestorben war, hatte seinen Büchervorrath nach seinem Tode gleichfalls der Heidelberger überlassen. Unter demselben war ein Quintilian mit seiner eigenen Hand geschrieben. (59) Churfürst Philipp bestimmte der Bibliothek einen besondern Platz,

E und

---

(59) S. *Henr. Altingii historia de ecclesiis Palatinis* beym Mieg in den *Monumentis pietatis & litterariis* p. 134.

und hat sie mit den Büchern, welche die Akademie hatte, vereinigt. Daran war es aber nicht genug, sondern er vermehrte sie noch mit Ankaufung anderer guten Werke, daß zur Erweiterung der Gelehrsamkeit nichts fehlte, und Bücher aus allen Wissenschaften vorhanden waren. So wuchs die Bibliothek von Zeit zu Zeit, und die Nachfolger des Churfürstens säumten nicht, auch das ihrige beyzutragen, bis endlich 1622 Herzog Georg in Baiern, bey der Plünderung und Zerstörung der Stadt Heidelberg, dieselbe Pabst Gregor XV geschenket und nach Rom bringen ließ. Ein Schaden, der noch in unsern Zeiten oft bedauert und beklagt wird, aber vergebens, weil alles Zurückfordern derselben fruchtlos war.

§. 15.

So wie von Dalberg dafür sorgte, daß der Churfürst Philipp der Litteratur zum Besten, eine Bibliothek errichtete; so groß war seine Sorge auf eine eigene, wozu er aber schon vorher den Grund legte. Die Sicherheit in Worms schien ihm aber für seinen Schatz nicht die beste zu seyn, denn er legte sie zu Ladenburg an, wozu ihn die beständig angedauerte Unruhen, die öftere Aufruhren, die sich besonders unter seiner Regierung ereigneten, veranlaßten. Den ersten Grund

zu derselben legte er durch die Bibliothek des damals ansehnlichen Klosters Lorsch, die vortreflich und reich an sehr alten Handschriften war. Georg Helwich rühmt sie (60) mit den Worten Münsters außerordentlich, und behauptet, daß kein Ort in Deutschland zu finden, wo eine ältere Bibliothek anzutreffen gewesen sey, als in diesem Kloster. Und Münster sagt, wie eben derselbe anführt, daß er ein Exemplar von den Werken des Virgils, mit dessen eigener Hand geschrieben, gesehen habe, auch sehe daselbst das letzte, bisher allen unbekannt gebliebene Buch vom Ammian Marcellin entdeckt nachher aber bekannt gemacht, die bessern Hand-

E 2 schrif-

---

(60) In den *Antiquitatibus Laurishamensibus* welche der gelehrte Johannis dem 3. Theil seiner *scriptorum Moguntinensium* einverleibte, p. 6. *Nullus in Germania* sagt er daselbst, *locus fuisse prædicatur, ubi vetustior quam in hoc Monasterio Bibliotheca fuerit, Münstero testante, qui se exemplar unum manu propria Virgilii Maronis conscriptum inibi vidisse ait: inventumque ibidem fuisse addit ultimum librum Ammiani Marcellini, omnibus adhuc incognitum, postmodum vero publicatum; meliores autem codices inde ad Bibliothecam Ladenburgensem Joannem Dalburgicum, Wormatiensem Antistitem postmodum transtulisse idem refert.*

schriften aber seyen nach der Hand in Johann von Dalbergs Bibliothek nach Ladenburg gebracht worden. Diese prächtige und zahlreiche Bibliothek, bliebe weder von ihm noch von andern unbenutzt, denn es war ihm Vergnügen wenn er seinen Musenfreunden seine Schätze zum Gebrauch öffnen konnte. Sie war gleichsam ein Tempel, in welchen jeder eintretten konnte, der in dem Reiche der Gelehrsamkeit eingeweiht war, und mit unserm von Dalberg gleiche Denkungsart und gleiche Gesinnungen hatte. Johann Reuchlin benutzte sie sehr vortheilhaft, denn sie war mit lateinischen, griechischen und hebräischen Büchern voll gefüllt. Von diesen Sprachen war er Kenner, und verstund sie aus dem Grund, mithin war dieß Reuchlin eine Seelenweide, seinen Trieb zur Gelehrsamkeit, unter dem Schutze dieses Mäcens, seines vortreflichen Freunds von Dalberg befriedigen zu können. Er rühmt es selbst an, und nennt sie den einzigen Schatz unsers Deutschlandes. (61) Von
den

---

(61) S. *Maii vita Reuchlini p. 187.* woselbst er schreibt: *utebatur enim semper pro animi sui sententia Camerarii Dalburgii laudatissimi antistitis, Bibliotheca, Latinis, Græcis & Hebraicis voluminibus referta, unico quondam Germaniæ nostræ thesauro, ut ipse deprædicat in epistola libello suo de verbo Mirifico præfixa.*

den Handschriften, welche diese Bibliothek enthielt, sind viele, wie Mederer bemerkte (62) durch den Druck gemein gemacht worden. So stiftete von Dalberg allgemeinen Nutzen; so verbreitete er wie durch sich selbst; so auch durch seine Schätze allgemeine Gelehrsamkeit.

§. 16.

Hier möchte ich gerne eine Behauptung wagen, wenn mir nicht Herr Jugler entgegen wäre, welcher zu beweisen sucht, daß die Bibliothek des Bischofs in die Heidelbergische kam. (63) Allein da er durch keinen Gewährsmann seine Behauptung unterstützt hat; so möchte es nur Vermuthung seyn. Vielleicht hab ich mehrere Gründe vor mir, meine Hypotese vorzutragen, als

---

(62) In den *annal. acad. Ingolstad.* P. 1. p. 14. *Instituit,* schreibt er dort; *Ladenburgi insignem & copiosissimam Bibliothecam, ex doctissimis libris & præsertim manuscriptis collectam, ex qua multi in communem Rempublicam literariam, humanitatisque studiorum vtilitatem deprompti & in lucem typis editi.*

(63) *Bibliotheca historiæ litterariæ selecta Struvio-Jugleriana Tom. I. p. 181. sub Philippo igitur coaluit Academica Bibliotheca cum Electorali, eidemque Ladenburgensis deinceps illata est.*

als er. Gauh sagt (64) von unserm von Dalberg, er habe den Grund zu der schönen Geschlechtsbibliothek gelegt. Die erste Gründung derselben fiel also in die Zeiten wo er am Heidelberger Hofe und Bischof war, weil sie Reuchlin schon als eine vortrefliche und herrlich eingerichtete reiche Bibliothek benutzte, mithin hätte sie ein ziemliches Alter auf sich, und wär so wie an Handschriften, als auch an alten Druckerdenkmälern reich. Allein hier ist wieder ein Anstoß, doch weniger von Bedeutung. Herr Gerken beschreibt (65) die von Dalbergische Geschlechtsbibliothek, aber nur ganz kurz, und sagt, sie sey hauptsächlich in der letzten Hälfte des 16 Jahrhunderts angelegt worden, wie die gröste Anzahl von Büchern beweise. Nun kömmt es darauf an, ob Herrn Gerkens Bemerkung richtig, und nicht eine bloße Meinung ist, weil er sie nicht verbürgte, und kommt darauf an, ob er sie genau geprüft, genau durchgesehen und untersucht hat. Aber ich glaube, es war bloß eine allgemeine Anmerkung, eine Meinung, und für diese sehe ich sie so lange an, bis ich überzeugendere Gründe habe, ihm beyzuflichten. So möchte auch die Anzahl von 3000 Bänden zu wenig seyn, denn wenn sie nur

---

(64) In seinem Adelslexikon 1. Theil Kolumne 231.
(65) In seinen Reisen 3. Theil S. 49.

nur erst in der letzten Hälfte des 16 Jahrhunderts angelegt worden wäre; so wäre diese Zahl zu geringe, und würde sehr wenig zur Vermehrung beygetragen worden seyn. Dieß ist aber um so weniger zu glauben, als unter diesem altadelichen Geschlechte immer solche Männer waren, welche die Gelehrsamkeit schätzten, verehrten, und beförderten, mithin auch auf die Vermehrung der Bibliothek ihr vorzügliches Augenmerk gerichtet haben werden. Dieß zu beweisen wird um so weniger nöthig seyn, als ich gleich zu Anfang den Beweis von zwey Brüdern Wolfgang Eberhard und Franz Eckenbert von Dalberg führte, welche ihre Geschlechtsbibliothek zu einer öffentlichen machen, und dem gemeinen Nutzen widmen wollten, in welcher Rücksicht sie solche durch den gelehrten Benediktiner Oliver Legipont einrichten und in bessere Ordnung bringen liessen. Wäre nur eine so geringe Anzahl vorhanden gewesen; so würde sie nicht zur Allgemeinheit bestimmt worden seyn.

§. 17.

Wie immer eines aus dem andern folgt wenn gelehrte und mit den Musen vertraute Freunde so wie in der Freundschaft, also auch in der Denkungsart einig sind; so entstunde auch zwischen unserm Bischof von Dalberg und seinen Freunden ein enges Band, das eine gelehrte Gesellschaft bildete, und derselben das wirkliche Entstehen gab. Dieß ist die berühmte rheinische gelehrte Gesellschaft, die erste in Deutschland, nachdem schon vorher dergleichen lange in Italien gewesen, welche Conrad Celtes, dem noch mehrere ihr Daseyn zu danken hatten, in Vorschlag brachte, und der Urheber davon war. Celtes, der bey unserm von Dalberg in besonders grossem Ansehen, stund, und von ihm geliebt und geschätzt wurde, durfte nur vorschlagen, so wurde gleich alles gebilligt, und da dieser Vorschlag ein zu wichtiger Gegenstand für unsern Bischof von Worms war, als daß er denselben nicht so gleich mit beeden Händen sollte ergriffen haben; so ist leicht zu erachten, daß mit Eifer an der Vollendung dieses rühmlichen Instituts gearbeitet worden, und wie des Bischofs Verlangen nur dahin gieng, an seinem Hof die gelehrtesten Männer zu haben; so bestrebte er sich auch, solche Mitglieder für die gelehrte Gesellschaft auszuwählen, daß sie ihr Ehre brächten. Von Dalberg wurde der Präsident derselben, würdig an der Spize dieser Gesellschaft zu stehen, und die übrige Mitglieder waren, Konrad Celtes als Urheber, der Abt Johann Trithem, Heinrich von Bünau Churfürst Friedrichs von Sachsen Gesandter auf den Reichstag nach Nürnberg, Eitelwolf von Stein aus dem alten von steinischen Geschlecht in Schwaben,

der

der damals das Amt eines Hof und Stadtraths Präsidenten zu Mainz begleitete; Wilibald Pirkheimer, die Zierde Nürnbergs und der gelehrten Welt; Johann Toloph; Heinrich Groninger; Johann Werner; Martin Pollich, genannt Mellerstadt, welcher zu Wittenberg 1502 der erste Rektor auf der Universität wurde, (66) Johann Lateran; Johann Stab, ein berühmter Mathematiker zu Ingolstadt; Urban Prebusius; Sebastian Brand auch Sprenz genannt, und Johann Vigilius oder Wacker. Lauter berühmte Männer, die jenem Zeitalter und der Gesellschaft Ehre machten, und Männer, die große Plane vor sich hatten, die, wenn sie ausgeführt worden wären, noch in unsern Zeiten die Bewunderung seyn würden. Die Gesellschaft nahm ihren Ursprung zu Ende des 15 Jahrhunderts, und noch vor der Zeit, als K. Fridrich III dem Celtes im Jahr 1487 den 18 April auf dem Schlosse zu Nürnberg mit eigener Hand den poetischen Lorbeerkranz aufsetzte. Inner diesem Zeitraum arbeiteten sie die nützlichsten Sachen aus, und besonders ließen sie sich angelegen seyn, alte historische Denkmäler zur Erläuterung der Geschichte Deutschlands aus den Bibliotheken

E 5 auf-

---

(66) S. *Gottfridi Suevi Academia Wittebergensis ab anno Fundationis* MDII *ad Annum* MDCLV Bogen §. I.

aufzusuchen. Der eigentliche Siz derselben war Heidelberg, wo die berühmtesten Männer zu jener Zeit gewesen, Gelehrsamkeit verbreitet und Männer gebildet haben, die nachher unserm Deutschland Ehre machten. Hätte sie aber unser von Dalberg nicht großmüthig unterstützt; so wäre sie niemalen so weit gekommen, denn sie lieferte der gelehrten Welt schöne Werke, hatte ihre eigene Censoren, welche vorher die Schriften durchgehen mußten, ehe sie dem Druck überliefert worden, und genoßen von K. Maximilian I. der die Gelehrten eben so hoch schätzte, und ein Liebhaber und Beförderer derselben war, wie er an dem Celtes bewiesen, kaiserliche Freyheiten. So beförderte diese Gesellschaft die Werke der bekannten Roswithe mit kaiserl. Freyheit zu Nürnberg 1501 zum Druck, und selbst auch einige seiner Werke kamen ebenfalls 1502 daselbst heraus. Celtes beschreibt auch in seinen Oden, und zwar in der achten derselben, die Beschäftigungen der Gesellschaft, und wie sie ihre Zeit anwendete. Den Tag über brachten sie mit Lesen der lateinischen, griechischen und hebräischen Bücher, der Dichter und der päbstlich und kaiserlichen Rechte zu. Deß Abends beschäftigte sie sich mit astronomischen Untersuchungen und Beobachtungen, mit der Tonkunst, mit Essen und Trinken, mit Dichten und mit Tanzen, und spielten auf dem Bret, endlich aber unterhielten sie

sich

sich auch mit dem Frauenzimmer. Ernsthafte Beschäftigungen, welche die Verstandskräfte anstrengen und ermüden, erlauben auch frohe Stunden und Ergötzlichkeiten, um sich wieder zu erholen. Billig denkende Männer werden dieß für keine unerlaubte Ausschweifungen ansehen, denn diese Ergötzlichkeiten sind nicht damals nur gewesen, sie sind noch. Ich mißbillige daher die Stelle, welche der sel. Schelhorn von unserm von Dalberg aus einem elenden, zusammengerafften Manuscript, das er einer besondern Aufmerksamkeit und Anzeige würdigte, anführte, und gerade die häßlichste anführte, (67) ob mit Vorsatz, als Protestant einem

fa=

---

(67) In seinen Ergötzlichkeiten aus der Kirchenhistorie und Litteratur 2 Band S. 741. Er zeigte daselbst S. 734 eine in der That wenig bedeutende Handschrift aus seiner Bibliothek, ohne anders als eine besondere Merkwürdigkeit an, die folgenden Titel führte: *Narrationes jucundæ & utiles ex prælectionibus (ni conjectura fallit) Philippi Melanchtonis exceptæ, ac collectæ a diligente & perindustrio quodam auditore in 8.* Er sagt darauf er habe solche aus den Ueberbleibseln der zahlreichen Spitzelischen Bibliothek erhalten, und legt die Erzählungen dem Melanchthon selbst bey, daß solche von ihm herrühren, gestehet hingegen auch, daß manche darunter aus den Vorlesungen Veit Winsems eingemischet seyen. In der That, Melanchthon

dieser

fatholischen Reichsfürsten und Bischof etwas aufzubürden, das die Wahrheit nicht verbürgt, oder aus Uebereilung, kann ich nicht entscheiden. Allein dieß sind polemische Grillen, die keinem so gelehrten, ernsthaften und durch ernsthafte Arbeiten grau gewordenen, und in verschiedener Rücksicht verehrungswürdigen Mann anstehen. Vielleicht ist es aus Uebereilung geschehen, denn

Schel-

---

dieser immer sanfte Mann, hat ganz anders von unserm von Dalberg gedacht, als daß jene angeführte gehäßige Stelle aus seinem Munde gekommen seyn sollte, vielmehr halte ich dafür, daß sie von einem elenden Lustigmacher, aus der Bande der Marionettenspieler, wo die Harlequins die Hauptrolle spielen, herrühre. Was Melanchthon von dieser Familie und insonderheit von unserm von Dalberg dachte und seiner Tischgesellschaft erzählte, muß ich zu seiner Ehre aus May's vita Reuchlini p. 189 und 190 ganz hieherseßen: *Celebrata eſt Familia Rhenanæ Nobilitatis Dalburgiorum, in qua novi duos præſtantes viros Joannem Dalburgium, Epiſcopum Vangionum, & Cancellarium Principis Electoris. Apud hunc Dalburgium vixerunt Rudolphus Agricola in Academia Heidelbergenſi & Joannes Capnio, qui cum eſſent eruditiſsimi, ornabant ſtudia etiam virtute & dulci concordia. Rudolphus græcos ſcriptores juventuti interpretabatur. Capnio hebrææ linguæ ſemina*

tra-

Schelhorn war sonst mit den würdigsten katholischen Gelehrten bekannt, und in vertrauten schriftlichen Unterredungen gestanden, aus denen ich nur den einzigen gelehrten Kardinal Angelus Maria Quirini nennen will, vielleicht hätte er diese Stelle nach der Hand weggestrichen, wenn es nicht zu spät gewesen wäre. In-

---

tradebat, sed paucioribus; quia Monachorum rabie impediebatur, ne publice doceret. Alterum Dalburgium Theodoricum etiam familiariter novi, qui cum Philosophiæ admodum studiosus fuisset, postea cum Evangelii doctrina illuxisset, verum etiam pietatem amplexus est, & sæpe dixit, se lætari hac luce doctrinæ, qui antea non vidisset discrimen Philosophiæ & doctrinæ, quæ est Ecclesiæ propria. Die Zeugnisse anderer Gelehrten habe ich bereits schon angeführt, und diese Männer haben mehr Gewicht als jener Lustigmacher mit seinem von Rache angefülltem boshaften Herzen. Doch jeder hat seine Feinde, er lebe so rechtschaffen und eingezogen als er will, warum sollten sie unserm von Dalberg nicht auch eigen gewesen seyn? *Sed invidia calumniam peperit, & famæ levitatem satis aliunde destruunt,* schreibt Schannat in seiner *historia Episcopatus Wormatiensis* p. 422. und zielt damit ebenfalls auf Lästerungen. Allein dieß nimmt seinem erworbenen Ruhm, seinen Verdiensten nichts, und das altadeliche von Dalbergische Geschlecht darf stolz auf ihn seyn.

zwischen kann unserm von Dalberg nicht mit Wahrheit zur Last gelegt werden, und dergleichen Beschuldigungen erfordern auch Beweise. Diese vortrefliche Gesellschaft, die erste, die Deutschland aufzuweisen hatte, erhält sich gewiß noch bey allen würdigen Männern im Andenken, und wäre sie länger fortgesetzt worden, oder hätte von Dalberg ein höheres Alter erreicht, so hätte sie, besonders für die Geschichte Deutschlandes, noch mehr Nutzen verbreitet. (68)

§. 18.

---

(68) Von dieser berühmten Gesellschaft handelt Johann Georg Ruprecht in seiner Rede *de societate litteraria Rhenana a Conrado Celte instituta*. Jenæ 1752. 4. Georg Nikolaus Wiener in seinen *Analectis historico-criticis de sodalitate litteraria Rhenana circa finem sæculi XV & aliquanto post celeberrima ejusque conditore Conr. Celte Protucio & Præside Jo. Camer. de Dalburg Episc. Wormat.* Vormatiæ 1766. 4. *Bibliotheca historiæ litterariæ selecta Struvio-Jugleriana Tom. III. p.* 1992 u. flgg. Jakob Burkhard in seinem oft angeführten Werk *de linguæ latinæ in Germania fatis P. II. p.* 402. u. flgg. Brucker in dem Ehrentempel der deutschen Gelehrsamkeit S. 131. Tenzel in den monatlichen Unterredungen auf das Jahr 1693. S. 90. und 965. und andre mehr.

§. 18.

Mitten unter den rühmlichsten Arbeiten, mitten auf der ruhmvollesten Laufbahn seiner großen Gelehrsamkeit, wo er noch vieles nützliche geleistet haben würde, wo die Welt erst die Früchte seines Fleißes genoßen hätte, und wo wir jetzt vielleicht die schönsten Denkmale von ihm aufweisen könnten, raubte ihn der Tod zu früh seinen Freunden und der gelehrten Welt. Er starb sanft und als ein frommer Bischof den 28 Julius 1503 in einem Alter von 58 Jahren. Groß als ein Gelehrter, groß als Bischof, groß als Wohlthäter, groß als Freund gegen seine Freunde, groß als ein liebreicher und huldvoller Fürst, von allen gesegnet, die ihn damals kannten, und selbst gewiß auch von Ausländern bedauert, von seinen Freunden aber beweint, mußte er diese Welt, auf der er eine so große, eine so rühmliche, eine so ehrenvolle Rolle spielte, verlassen. Eines ewigbleibenden Denkmals wäre er würdig gewesen, eines Denkmals, das auch auf uns gekommen seyn sollte. Dieser Versuch ist für ihn noch kein würdiges Denkmal, und wollte Gott, er würde es in der Folge.

§. 19.

§. 19.

Von seinen gelehrten Freunden, mit denen er sich schriftlich unterhalten, könnte man vielleicht ein starkes Verzeichniß machen, wenn nähere Umstände seines Lebens und seiner Verdienste auf uns gekommen wären. So muß ich mich nur im allgemeinen befriedigen lassen, weil die Briefe der Gelehrten aus jenem Zeitalter größtentheils verloren gegangen sind, und zum Theil noch verborgen liegen. Und wer sollte nicht gleich denken können, daß er mit allen Mitgliedern der rheinischen gelehrten Gesellschaft in einem ununterbrochenen Briefwechsel, der ohne Zweifel über ihre gelehrte Arbeiten geführt worden, gestanden seyn muß, und daß auch Wilibald Pirkheimer einer mit von denen gewesen, ob gleich seiner in seinem Leben namentlich nicht gedacht worden. Würden von all denen Männern, die ich zum Theil schon genannt, und in diesem Versuch angeführt habe, und von denen, die mir noch nicht als Freunde unsers von Dalbergs bekannt sind, die Briefe bekannt gemacht worden, oder würden sie noch zu finden seyn, und erst an das Licht gegeben werden; so würden wir erst einsehen, zu welcher Größe unser von Dalberg bey der gelehrten Welt gestiegen wäre, und wie groß er noch hätte werden können, wenn er

nicht

nicht zu früh gestorben wäre. Inzwischen müssen
Reuchline Briefe und andere, die an denselben geschrieben haben, unter denen zwey von unserm von Dalberg für kommen, worinn er die Sprache des Herzens
und als warmer Freund und Verehrer, nicht aber im
Tone eines Bischofs redte, einstweilen die Stelle er-
setzen, aus denen seine Freunde zu erkennen sind. Jeder Gelehrte seines Zeitalters, der nicht alltags Wissenschaften besaß, der tiefer dachte, der forschte und neue
Entdeckungen machte, der wieder Gelehrte seiner Denkungsart aufsuchte, der mit denselben sympatisieren zu
können überzeugt war, der Zweifel gehoben wissen wollte, und deren Auflösung wünschte, wird sich gewiß an
den Wiederhersteller der Wissenschaften, an den Freund
und Beschützer der Gelehrten, an unsern von Dalberg,
gewendet haben. Sie fanden auch an ihm den Mann,
der in Gesellschaft seiner Freunde ihren Wünschen entsprechen konnte.

§. 20.

Von seinen Schriften ist wenig auf uns gekommen,
ist mir auch nicht bekannt, ob dergleichen Denkmale noch verborgen liegen, oder ob sie gar verloren
gegangen. Hätte sie uns Trithem, ein Freund des
von Dalbergs, der in genauer Verbindung mit ihm
stund, nicht dem Titel nach aufbehalten; so würden

F wir

wir vielleicht gar nichts davon wissen, vielleicht würde er selbst weniger bekannt seyn, als er an sich schon ist, und doch hätte Trithem gewiß mehr von seinem Leben und von seinen Verdiensten melden können, als er gemeldet hat, vielleicht aber hat von D..berg es selbst verhindert, und bey seinem Leben nicht auspsaunt seyn wollen, ob er's gleich nicht ganz hindern konnte. Seine Schriften sind folgende:

1. Oratio dicta Innocentio octavo Pont. Max.

Man schreibt diese Rede gemeiniglich dem Rudolph Agricola zu, als hätte er dieselbe im Namen des von Dalbergs verfertigt; allein ich messe diesem keinen Glauben bey, weil von Dalberg ein Redner nicht nur war, sondern auch die lateinische Sprache sehr in seiner Gewalt hatte. Vielleicht hat Agrikola eine Abschrift von derselben gehabt, die so dann unter seinen Papieren gefunden und als eine für unsern Bischof gelieferte Arbeit gehalten und ohne Prüfung ausgegeben worden. Von Dalberg hatte dieses nicht nöthig gehabt. Fabricius oder vielmehr Johann Dominikus Mansi sagt, (69) daß diese Rede ohne
Jahr,

---

(69) In seiner *Bibliotheca latina mediæ & infimæ ætatis* Tom. II. p. 3.

Jahr, Ort und Drucker vermuthlich aber zu Rom unter folgendem Titel gedruckt worden und erschienen sey: Joannis Camerarii Dalburgii Vormaciensis Episcopi oratoris Philippi Comitis Palatini Rheni Innocentio VIII dicta gratulatio anno 1485 prid. nonas Julii. Wäre dieß, wie es auch möglich seyn kann, weil sie vielen Beyfall gefunden hat, und Mansi selten ohne Beurtheilung schrieb; so hätte sie der gelehrte Audiffredi in seinem vortreflichen Werk (70) zu bemerken vergessen.

2. Epistolæ variæ.

Davon sind zwey in Reuchlins Sammlung gedruckt erschienen. Trithem mußte also wissen, daß er viele Briefe geschrieben hat, und unter den seinigen selbst mußten sich viele von ihm finden. Hätte es der Plan von Trithems Werk erlaubt; so hätt ich gewünscht, daß er die Namen der Gelehrten, an die er geschrieben, bekannt gemacht und mit Namen angeführt hätte.

3. De morte Rudolphi Agricolæ Carmen.
4. De moneta liber.

---

(70) *Catalogus historico criticus Romanarum editionum.* Romæ 1783. 4.

5. Carmina & orationes variæ.

Außer diesen hier benannten giebt Konrad Geßner (71) und aus ihm auch Morhof (72) noch ein Werk an, welches seine Kenntniß in der griechischen Sprache überzeugend an Tag legt. Es ist folgendes

6. Collectio aliquot millja græcorum ac Teutonicorum vocabulorum, quæ utraque lingua idem significent.

So viel von dem Leben eines der ersten Gelehrten in jenem Zeitalter, der alle Aufmerksamkeit verdient, und der noch unsere Bewunderung rege macht, von einem Mann, der beynahe vergessen worden wäre, von dem Johann von Dalberg, dessen alt adelich freyherrliches Geschlecht noch lange in seinen Nachkommen blühe.

---

(71) In seiner *Bibliotheca univerſalis folio* 396 b.
(72) Im *Polyhiſtor Tom. I. p.* 749.